Reprint Publishing

For People Who Go For Originals.

www.reprintpublishing.com

NIETZSCHE
ET LA RÉFORME PHILOSOPHIQUE

NIETZSCHE
ET LA RÉFORME PHILOSOPHIQUE

DU MÊME AUTEUR :

DE KANT A NIETZSCHE.......................... 1 vol.

LE BOVARYSME *(Essai sur le pouvoir d'imaginer)*.. 1 vol.

LA FICTION UNIVERSELLE *(Deuxième essai sur le pouvoir d'imaginer)*......................... 1 vol.

JULES DE GAULTIER

Nietzsche

et la

Réforme philosophique

PARIS
SOCIÉTÉ DV MERCVRE DE FRANCE
XXVI, RVE DE CONDÉ, XXVI

MCMIV

JUSTIFICATION DU TIRAGE :

Droits de traduction et de reproduction réservés pour tous pays, y compris la Suède et la Norvège.

AVERTISSEMENT

Il existe de notre temps une croyance idéologique. Expression contemporaine du besoin religieux, elle s'exerce sous l'invocation de la Raison.

On a confondu la raison, art de raisonner, de lier entre eux les éléments de connaissance de la façon la plus utile pour l'espèce humaine, avec la Raison considérée comme une entité législative, fixant la loi et spécifiant les formes du réel. Avec la raison, art de raisonner, on avait ruiné la croyance théologique, on avait supprimé les antinomies les plus grossières que suscitait l'idée de la divinité, on avait répudié l'expédient du miracle qui, suggérant une explication des phénomènes indépendante du témoignage de nos sens, étrangère aux données de nos plus anciens organes de connaissance, compromettait à jamais toute conception cohérente de la réalité, et, on lui avait préféré l'aveu d'ignorance, qui, précisant l'objet de la recherche, en détermine les directions et stimule aussi d'un défi la passion de connaître. Telle avait été l'œuvre utile et féconde de la raison, art de raisonner, de l'activité intellectuelle s'exerçant sous sa forme la plus énergique et détruisant tous les artifices imaginés par l'intelligence paresseuse. Mais l'esprit humain, délivré par la raison de la servitude théologique, s'est fait de son libérateur un nouveau maître : la raison était un moyen au service de l'intelligence, la Raison est devenue l'Etre et la Loi de l'Etre, le Verbe, la Cause première et le But, un principe régulateur et tyrannique, imposant à l'intelligence le frein du dogme. Le Rationalisme ayant banni l'art de raisonner a pris la place du Déisme et les attributs divins sont devenus les idées de la Raison. On a vu luire dans le ciel idéologique les mêmes signes qui brillaient dans le ciel de la Bible, on y a découvert les mêmes constellations et jusqu'à cette même étoile qui dirigea vers l'étable la course des bergers et des mages. Loin que le rationalisme soit une réaction contre le déisme et ses formes chrétiennes, il en est l'expression exagérée sous un masque mieux ajusté à la forme de la crédulité contemporaine.

Il y a contradiction entre la raison, prise comme art de raisonner, et la Raison, prise au sens théologique, comme lieu des idées. On ne peut être à la fois rationaliste et raisonnable. Au nom de la raison prise comme moyen et instrument de connaissance, il est nécessaire de nier la Raison comme principe législatif et source des idées.

Or, si les trois ouvrages qui ont été précédemment publiés comportent un caractère commun et dominant, c'est, parallèlement à une conception générale d'illusionisne et d'idéalisme, celui d'une protestation contre le point de vue rationaliste, contre la croyance en la réalité objective de l'Idée.

Dans un premier livre, « de Kant à Nietzsche », on a analysé et combattu la croyance rationaliste sous sa forme la plus fragile, la plus récente et la plus fanatique, sous sa forme morale. A vrai dire, uniquement préoccupé de ruiner l'idée d'un Bien en soi et de restituer au fait moral ses origines physiologiques, on acceptait alors, avec Kant, l'*a-priori* des notions de cause, de temps et d'espace, c'est-à-dire que l'on faisait place à une vérité rationnelle dans l'ordre logique : les formes de la connaissance, tenues pour immuables et nécessaires, étaient distinguées du contenu phénoménal, où l'on impliquait la matière des mœurs, et dont on montrait qu'il recevait, du mécanisme même de ces formes, sa nature insaisissable et son caractère illusoire de jeu optique, exclusif de toute finalité, de toute réalité objective et de tout être véritable, au sens métaphysique. C'est dire aussi que cette réfutation de l'objectivité du monde moral était alors exécutée avec un minimum de moyens.

La notion du Bovarysme, aboutissant à celle de la Fiction universelle, accentuait, en deux autres volumes, ce caractère d'illusionisme attribué à l'Univers. Si le fait de se concevoir autre semblait impliquer l'existence d'une réalité objective, en tant qu'on en poursuivait l'analyse, ainsi que d'un travers humain, dans les psychologies individuelles, ce fait se montrait essentiel dès que l'on en recherchait les origines dans l'acte même de la connaissance. Il apparaissait alors que connaître une chose, et la connaître autre qu'elle n'est, sont deux expressions pour un même phénomène; que la connaissance d'une chose par elle-même implique, avec la distinction nécessaire en objet et en sujet, parmi les perspectives de la cause, de l'espace et du temps, une dissociation et une dispersion de tous les éléments de la chose et ne la rend connaissable, pour elle-même, que différente d'elle-même. Il apparaissait que les idées d'être et de vérité, introduites dans le jeu de ce phénomène de connaissance nécessairement faux, ne sont elles-mêmes que des perspectives, des toiles de fond, tendues et fixées par une convention d'utilité mentale et sur lesquelles se détachent visibles, saisissables et évaluables les péripéties du mouvement.

Une telle conception ne laissait place à aucun en-soi rationnel. Toutefois, cette conclusion contraire au rationalisme n'était atteinte que comme le corollaire d'un but principal : montrer dans le monde un phénomène d'illusion, situer dans le spectacle, et non dans l'existence, la raison d'être, de l'existence, fournir, avec la notion du Bovarysme, la méthode de vision la plus propre à observer le spectacle et à en jouir.

Nietzsche, au terme de ses analyses, est arrivé à une conception d'illusionisme singulièrement pareille. On rencontre en effet dans son dernier volume cette formule que motivent toutes ses analyses précédentes : « Ce qui peut être conçu est nécessairement une fiction (1). » Mais, par une inversion de tendances, cette conclusion, qui fut ici recherchée comme un but, ne semble avoir été pour lui que la conséquence ou le moyen d'une entreprise différente, plus directement poursuivie : cette critique de tout rationalisme, qui était ici atteinte

---

(1) *La Volonté de Puissance.* Ed. du Mercure de France, traduction Henri Albert, t. II, p. 28.

indirectement, cette ruine d'une conception idéologique où il voyait une entrave à la vie, qu'il désignait dans la *Volonté de Puissance* comme la cause du nihilisme européen. Que l'activité répandue dans l'univers ne reçoit de commandement que d'elle-même, que les lois qui semblent la régir sont son œuvre et son invention, qu'il en est ainsi de ces lois même du monde logique qui semblent conditionner toute connaissance, telle est la démonstration que Nietzsche a poursuivie et qu'il a poussée à bout avec une ampleur et une force incomparables. C'est cette part de son œuvre que l'on s'est efforcé de présenter dans ce volume, sous une forme systématique et à laquelle on a donné le nom de Réforme philosophique.

La conception de Nietzsche, en effet, en même temps qu'elle condamne toutes les démarches anciennes de la philosophie, assigne à la philosophie un but absolument nouveau et différent. La philosophie était la science de la sagesse : il semblait que la sagesse fût quelque chose de supérieur à la vie, en sorte qu'il fallût la découvrir pour amender la vie. Du point de vue de Nietzsche, il n'y a rien au-dessus ou en dehors de la vie, et la vie s'invente à elle-même sa valeur, ses buts et ses lois : ce qui importe, ce n'est donc plus la dialectique, qui part à la recherche d'une vérité cachée quelque part et qu'il faut découvrir, mais c'est le goût et le désir qui inventent les formes du réel.

Dans l'étude qui a pour titre le *Parti pris sociologique*, on a montré, sous le jour de cette conception nouvelle, à quelle condition une opinion est légitime, et quelles applications Nietzsche lui-même a faites de son point de vue. Dans celle qui vient après, *Schopenhauer et Nietzsche*, on s'est efforcé de faire voir comment ce point de vue de Nietzsche permet de concilier des conceptions que la croyance à l'idée d'une vérité en soi rendait inconciliables. Des deux dernières études du volume, *Nietzsche et la pensée française* est une réponse à quelques-unes des objections que souleva en France, lors de sa première apparition et de sa première vogue, la philosophie de Zarathoustra. On a voulu y marquer aussi les traits absolument originaux de cette philosophie : tâche superflue, s'il était entendu que le génie vêt de candeur tout ce qu'il touche, fait sortir de toutes les choses des significations inconnues, et fait entendre, pour la première fois, même des paroles anciennes.

Le philosophe comme créateur de valeurs est, en quelque sorte, un premier état de la Réforme philosophique. Cette étude fut composée à une époque où la *Volonté de Puissance* n'avait pas encore été publiée : elle offre, a-t-il semblé, un intérêt rétrospectif, en laissant voir que la philosophie de Nietzsche, marquée au sceau d'une parfaite unité, comportait, dès cette époque, une entière construction, en laissant voir aussi, par comparaison avec cette partie de l'œuvre déjà achevée, quelles amplifications et quel fécond épanouissement comportent, dans le sens des premiers développements, les analyses du livre posthume, celles notamment où, avec la *Volonté de Puissance en tant que connaissance*, Nietzsche a atteint, semble-t-il, le faîte de sa propre pensée.

LA RÉFORME PHILOSOPHIQUE

LA RÉFORME PHILOSOPHIQUE

I. Proposition maîtresse de la pensée de Nietzsche : il n'est pas de force au-dessus de la force. En quoi cette tautologie est une réforme. —II. *Tentative de l'esprit humain en vue d'élever un principe au-dessus de la force dans le domaine spéculatif : le monde des idées.*— III. L'idée du vrai, forme suprême de la croyance idéologique, considérée par Nietzsche comme un artifice biologique. Utilité vitale de la fiction idéologique. — IV. Examen, sous le jour de cette dernière conception, de la vérité morale. — V. Examen de la vérité esthétique. — VI. Examen de la vérité logique. — VII. *Tentative de l'esprit humain en vue d'élever un principe au-dessus de la force dans le domaine historique et concret : le mouvement juif, le Christianisme et la Révolution.*

I

Au cours d'un volume où la philosophie de Nietzsche fut choisie pour marquer le terme d'une évolution (1), on a exposé comment cette philoso-

(1) *De Kant à Nietzsche.* Ed. du Mercure de France.

phie, faisant pénétrer dans le domaine de la sensibilité des idées qui n'avaient reçu jusque-là qu'un développement abstrait, a consacré une véritable réforme, a daté dans l'ordre de la pensée une ère nouvelle. On voudrait ici préciser d'un seul trait le caractère essentiel de cette réforme. Or, réduite à sa plus simple expression, la philosophie de Nietzsche consiste en cette unique et simple affirmation : il n'est point de force au-dessus de la force. La force est l'unique mesure de tout. Pour marquer avec plus de relief le caractère tautologique de cette énonciation, on la formulera ainsi : étant donné que la définition de la force embrasse l'ensemble total des qualités par lesquelles une chose l'emporte sur une autre, rien, en un système dont tous les éléments agissent et réagissent les uns sur les autre, rien n'existe et n'occupe un rang, qui ne tienne son existence et son rang, strictement et hiérarchiquement déterminés, du fait de sa propre force, ou du bon plaisir et de l'agrément de ce qui est fort. Une telle proposition implique le sens qu'il convient d'accorder à cette expression, *le déterminisme de la force*, qui sera fréquemment employée dans le cours de cette étude.

Présentée sous cette forme abstraite, cette proposition paraît évidente jusqu'à l'inutile. Pourtant, dès que l'on considère la fortune qui lui fut réservée dans l'opinion humaine, en s'aperçoit qu'il n'en est pas de plus hautement désavouée. Il s'est produit, en effet, au cours des époques historiques, un formidable effort de la pensée dans le but de concevoir la réalité autre qu'elle n'est, et, si la croyance au déterminisme de la force constitue toujours, par son ancienneté, notre représentation la plus objective du monde, une autre croyance s'est formée à côté d'elle qui a entrepris de distraire de son commandement toute une part de la réalité. Or, cette entreprise a réussi au delà de toute vraisemblance avec la création du monde moral : se réclamant de l'idée, le monde moral se réclame d'un principe qui, dans l'esprit de ses inventeurs, ne connaît aucune mesure de comparaison avec le déterminisme de la force.

En énonçant qu'il n'existe aucun principe au-dessus ou en dehors de la force, Nietzsche heurte donc une croyance d'autant plus violente que son apparition est relativement plus récente dans la chronologie infiniment ancienne de l'évolution de la pensée, qu'elle n'a cessé d'aller grandissant et qu'elle semble à l'heure actuelle atteindre son apogée. L'évaluation morale, sous quelque forme plus ou moins apprêtée, domine l'humanité contemporaine, du moins l'humanité occidentale, et nombre d'esprits éclairés, tandis qu'ils se targuent de ne point admettre l'intervention du miracle, acceptent sans difficulté l'existence permanente d'un principe extérieur et supérieur à la force, d'un principe métaphysique qui donne un sens au physique, le domine et le régit. L'idée de finalité, empruntée à la théologie et qui, dans ce domaine, recevait sa forme de la volonté divine, a été transportée dans le monde moral où elle hallucine directement les consciences. Les vertus théologales, à peine modifiées, sont devenues vertus sociales, et, fondées sur l'impératif idéologique, reçoivent un culte rajeuni aussi dévot que l'ancien.

Si, comme le pense Nietzsche, l'Instinct de connaissance est une dépendance de l'instinct vital, si la Connaissance est un moyen de puissance, si l'intelligence, en un mot, est un organe d'utilité au même titre que l'estomac ou le poumon, une maladie de la Connaissance est une cause d'abaissement pour la vie et c'est une maladie que cette conception du monde moral. C'en est une parce qu'elle met en échec la conception déterministe à l'égard d'une catégorie de phénomènes que celle-ci était appelée à évaluer avec les mêmes mesures qu'elle applique au reste du monde. Elle rompt ainsi toute relation entre les phénomènes de cette catégorie et les autres et, les retirant, de ce fait, du champ où la connaissance est possible, elle est une cause d'amoindrissement de notre pouvoir de connaître. Est-ce à dire que l'évaluation déterministe possède une valeur objective, que par elle nous atteignions une connaissance adéquate à un en-soi des choses? Nullement, mais il faut bien reconnaître qu'elle est à la base de tout notre système de connaissance actuel et, qu'à moins de bouleverser ce système jusque dans ses assises fondamentales, — notions de cause, de temps, d'espace, — aucune connaissance n'est possible qui ne prenne place dans ses cadres et qui ne soit saisissable dans la perspective de ce plan unique.

La proposition essentielle de Nietzsche : « il n'y a pas de force au-dessus de la force », rétablit donc dans l'esprit humain une conception élémentaire sur laquelle repose ce qui nous tient lieu d'une réalité objective ; elle brise un masque que l'humanité s'est ingéniée, depuis des milliers d'années, à composer et qu'elle a appliqué, à la face des choses, pour en dissimuler le premier aspect. Sur cette entreprise formidable de falsification, dont l'importance conditionne le caractère original et réformateur de la tautologie nietzschéenne, Nietzsche a tenu son regard fixé avec une acuité et une force de pénétration incomparables. Il en a discerné, avec la sûreté d'un instinct, et poursuivi sans se lasser les menées et les tentatives dans tous les ordres où elle s'est manifestée.

C'est tout d'abord dans le domaine philosophique qu'il a signalé et combattu les tentatives de l'esprit humain pour créer une valeur au-dessus de la force. La philosophie lui est apparue comme le principal agent de l'entreprise de sophistication selon laquelle l'humanité, obéissant au bovarysme essentiel qui la mène, a tenté, au cours des périodes historiques, d'imaginer une forme nouvelle de la réalité. Nietzsche a dirigé ici ses attaques contre les trois formes idéologiques que les métaphysiciens se sont efforcés d'élever en entités distinctes au-dessus de la force : l'idée d'une vérité morale, avec la conception d'un bien en soi, l'idée d'une vérité esthétique avec la conception d'un beau en soi, l'idée d'une vérité logique avec la conception d'un en-soi rationnel, commandant les lois de la connaissance.

Cette tentative de faux monnayage qu'il a dévoilée sous son aspect théorique et abstrait, il l'a discernée aussi et combattue avec une violence extrême dans ses manifestations sociales : il a ici désigné d'un mot l'entreprise faite en vue de substituer à la force, pour la direction des sociétés, un principe différent de la force; il l'a nommée l'insurrection des esclaves dans la morale, et il a distingué dans cette insurrection trois phases étroitement unies : celle qui est inaugurée par le peuple juif, celle qui a pour enseigne le Christianisme, celle enfin qui est marquée par le triomphe de ce qu'il nomme les idées modernes, c'est-à-dire de l'idéal égalitaire. Il n'est pas une des analyses de Nietzsche qui n'ait pour but de s'opposer à l'une des tentatives que l'on vient de distinguer, tant dans le domaine des idées pures que dans celui de leur application sociale. Or, il n'est pas une de ces tentatives qui n'ait eu pour but de susciter dans l'esprit des hommes la foi en un principe supérieur à la force. La réforme philosophique de Nietzsche tient donc bien tout entière en cette formule : il n'y a pas de force au-dessus de la force. Telle est la signification précise qu'il faut attribuer à sa conception du monde et de la vie.

Cette conception, Nietzsche l'a exprimée sous ce terme mythologique dont il a fait le titre ultime de sa philosophie : la Volonté de puissance. Aussi emploiera-t-on indifféremment l'une pour l'autre ces deux formules, *il n'est point de force au-dessus de la force* ou *volonté de puissance*, la première n'étant que l'énoncé analytique de la seconde.

II

C'est dans son *Par delà le Bien et le Mal* que Nietzsche a pris conscience, d'une façon absolument nette, de cette tentative de sophistication contre laquelle instinctivement il avait élevé les objections et aiguisé les analyses de tous ses écrits précédents. Dans ce livre de sa maturité, il distingue, d'une vue générale et parfaitement claire, l'origine de ce mouvement et son caractère dominant. La nouvelle évaluation a pris naissance dans la philosophie grecque avec Platon : Platon est le créateur de ce monde des idées qui va tenter de substituer son mètre au mètre du déterminisme physique. L'erreur la plus dangereuse qui ait jamais été commise c'est, dit Nietzsche, « l'invention de l'esprit et du bien en soi faite par Platon. Ce serait poser la vérité tête en bas, et nier la perspective, nier les conditions fondamentales de toute vie que de parler de l'esprit et du bien à la façon de Platon (1). » C'est pourtant cette imagination philosophique qui a été, par la suite, le point de départ de toutes les recherches des philosophes. C'est elle qui anime les dissertations des néo-platoniciens et des alexandrins, c'est elle qui tient lieu de base à tout l'édifice de la théologie chrétienne, c'est elle encore qui engendre le monde nouménal de Kant, le finalisme de Hegel et les téléologies sociales des philosophes positivistes ou évolutionnistes, Comte ou Spencer. C'est elle, qui aboutit, de la façon la plus plate, à ce spiritualisme dont Victor Cousin a vulgarisé la formule en donnant à l'un de ses livres ce titre, en guise de manifeste : *le Vrai, le Beau, le Bien*.

Le procédé de Platon fut celui-ci, qui devint le procédé de toute doctrine idéologique : il détacha les idées des activités qui les avaient produites et les donna pour antérieures à ces activités. Ce qui était le dernier terme d'une série physiologique, ce qui était conditionné par tous les termes antécédents de cette série, il en fit un principe législatif immuable. Ce qui était la conséquence de l'acte, ce qui recevait sa qualification du succès ou de

---

(1) *Par delà le Bien et le Mal*. Ed. Mercure de France, page 7.

l'insuccès de l'acte, il en a fait un modèle proposé aux actes, écartant, par cette interversion, la possibilité de tout lien de causalité entre l'acte et l'idée. Ainsi détaché de la chaîne de la causalité, le monde des idées plane dans le vide et tout l'effort de la philosophie depuis Platon s'est ingénié à inventer des moyens imaginaires pour entrer en communication avec ce monde imaginaire, à inventer des facultés imaginaires pour l'appréhender et recevoir ses commandements. Platon avait inventé l'esprit pur. Kant inventa la faculté des jugements synthétiques *à priori*, Schelling l'intuition intellectuelle. Il s'agissait avant tout, dit Nietzsche, de « découvrir une faculté pour les choses transcendantes (1) ». Dans cet ordre de recherches, à vrai dire, toute invention dut tenir lieu de découverte et la métaphysique se constitua de l'amas de ces inventions purement verbales, dont une vaine terminologie dissimulait le néant.

On a peine à concevoir tout d'abord, quand on y regarde de sang-froid, le succès qu'a obtenu dans le monde cette fable métaphysique. Elle ne repose en effet sur aucun fait observable : elle est purement imaginaire. Elle n'est pas, dans l'ordre de la con-

---

(1) *Par delà le Bien et le Mal*, page 26.

naissance, un principe d'explication. Bien au contraire, en introduisant dans la conception de l'être la notion d'un dualisme, elle a donné naissance à toutes les contradictions que la philosophie s'est imposé la tâche chimérique de résoudre : créateur et créature, âme et corps, idée et matière, monde moral et monde physique considérés comme phénomènes d'ordre différent, déterminisme et libre arbitre. Il y a plus, et il faut noter que, pour justifier l'introduction de ce principe idéologique dans le domaine de la pensée philosophique, l'esprit humain n'avait pas même l'excuse qu'un autre principe d'explication fît défaut. La plupart des phénomènes que les philosophes idéologues prétendent expliquer par des interventions métaphysiques reconnaissent en effet, à l'analyse, des causes physiques aisément discernables. Les idées, dès qu'on les replace sur la tige physiologique, à l'endroit où Platon les a brisées, les idées apparaissent ainsi que des attitudes d'utilité pour une physiologie donnée, on les voit fortes ou faibles, exerçant leur empire sur un nombre d'hommes plus ou moins grand selon que les réalités physiologiques sur lesquelles elles se sont développées sont elles-mêmes fortes ou faibles. Elles se montrent, sous ce jour, tributaires de ce déterminisme de la force qui est pour l'esprit humain un principe d'explication universel.

Nietzsche a soumis de nouveau le monde des idées à l'hégémonie de ce principe. Il n'y a pas de force au-dessus de la force, signifie-t-il. Il existe entre toutes les choses une lutte pour la puissance, une lutte en vue de dominer. Tout ce qui possède quelque perfection la tient du fait de force qui lui a permis de prévaloir et d'affirmer sa réalité. Il en est des idées comme de tout le reste : qu'il s'agisse de l'idée morale, de l'idée esthétique, de l'idée logique, toutes ces idées ne méritent leur nom que parce qu'elles sont des manières d'apprécier et d'évaluer propres à une espèce d'hommes qui a triomphé sur d'autres espèces. Il y a partout une idée du bien, une idée de la beauté, une idée logique parce que partout il y a une espèce d'êtres qui l'emporte sur les autres, et fait prévaloir son évaluation. Ce fait de suprématie est l'expression dernière du fait de puissance, il est la consécration du conflit engagé entre toutes les choses en vue de s'emparer de la puissance. Et c'est ce caractère universel de la lutte pour la puissance qui a permis à Kant de soutenir que, si l'idée du Bien en soi semble varier dans son contenu, elle comporte une vérité formelle universelle. Cette forme universelle de l'idée, où Kant voyait la manifestation dans la conscience du monde nouménal, et sur laquelle il fondait son impératif catégorique, n'est autre chose que l'expression de ce désir de puissance qui pousse tout ce qui est vivant à faire prévaloir et à imposer comme règle universelle sa propre évaluation. Au contraire, les nuances variées des idées morales ou esthétiques, ces différences par lesquelles la vérité n'a pas même couleur sur l'un et l'autre versant des Pyrénées, se justifient par ce fait que ce n'est pas la même espèce d'hommes qui l'emporte sur tous les points du globe.

Ce qu'il faut retenir, — en cela consiste toute la réforme philosophique de Nietzsche, — c'est que l'idée n'est pas antérieure au fait de force qui l'impose, qu'elle en est au contraire une suite, une conséquence, une dépendance. L'idée, lorsqu'elle se propose comme une loi et comme un commandement spécifiant une pratique, ne tient son privilège impératif que du fait de suprématie qui, à la suite d'un conflit, a établi la supériorité d'une espèce de choses sur une autre et, pour concréter, d'une espèce d'hommes sur une autre, qu'il s'agisse d'une race l'emportant sur une race, qu'il s'agisse, dans l'intérieur d'une même race, d'une élite l'emportant sur le grand nombre, ou du grand nombre l'emportant sur l'élite. L'idée sous [forme de loi présente donc un caractère tout à fait secondaire et dérivé; elle est le dernier état d'un processus physiologique et comporte une généalogie toute guerrière. Sa sérénité est le résultat d'un triomphe qui fut le prix d'un effort. L'idée n'est qu'une expression de la force. Une chose est bonne, au sens vénérable du mot, parce qu'elle est forte. C'est la puissance que nous honorons sous un nom nouveau dans ce que nous nommons bien et beau, non une puissance éphémère et qui s'empare de la suprématie pour un jour, mais une puissance véritable et qui a pour elle la durée. Les choses deviennent belles et bonnes parce qu'elles durent et elles durent parce qu'elles sont fortes.

Pascal, avant Nietzsche, a eu une notion parfaitement claire de ces réalités psychologiques. De l'éclair d'une seule réflexion de génie il a percé à jour l'entreprise paradoxale accomplie par l'esprit humain, à la suite de Platon, au moyen de la ruse idéologique qui a engendré le monde moral : « Ne pouvant faire, a-t-il dit, que ce qui est juste fût fort, on a fait que ce qui est fort fût juste, » c'est-à-dire que l'on a donné le nom de justice à ce qui avait su s'imposer par la force.

La force est bien, pour Pascal comme pour Nietzsche, la seule réalité qui soit au monde, une réalité, dit-il, « qui ne se laisse pas manier comme on veut, parce que c'est une qualité palpable, au lieu que la justice est une qualité spirituelle dont on dispose comme on veut ». Ce qu'exprime ici Pascal, au sujet de la justice, s'applique, aussi bien qu'à la justice, à l'idée du bien, et à toutes les autres idées imaginées par la philosophie. Celles-ci appartiennent comme la justice à ce monde spirituel à l'égard duquel le mathématicien professe un dédain si superbe, à ce monde spirituel dont on dispose comme on veut et qui ne reçoit une réalité d'emprunt que de la force qui l'impose. « La justice est sujette à disputes, la force est très reconnaissable et sans disputes... Ne pouvant faire que ce qui est juste fût fort, on a fait que ce qui est fort fût juste. »

Certes, Nietzsche n'a pas trouvé de formule plus définitive, ni d'un aussi terrible raccourci pour crever les bulles irisées que Platon sut gonfler du vent de la dialectique et faire flotter dans le ciel gris de l'idéologie. Cette formule doit être prise selon son sens le plus radical. Si l'on ne peut faire que la justice soit forte, c'est, concevons-le avec Pascal, parce que l'on ne peut doter d'une qualité une chose qui est encore inexistante. Comme toutes les idées du monde moral, la justice n'a en soi aucun être véritable. Bien, justice, sont des noms mis sur la force, des dénominations pour un état de force, quel qu'il soit, quelle que soit la conception qu'il implique, après qu'il a établi sa suprématie. Mais pourquoi ce changement de noms, pourquoi ces désignations diverses pour signifier une même chose? Pourquoi surtout cet effort pour cacher, sous le masque de la morale et des idées, le fait de force qui a procuré le pouvoir? Il faut répondre : pour conserver le pouvoir avec une économie de force. Le monde moral est partout une ruse et une invention d'un groupe social qui, ayant une fois prévalu par la force, veut prolonger les bénéfices de sa victoire, en supprimant le prétexte d'une lutte nouvelle. Il s'efforce donc de persuader que cette conception particulière de la vie, qui répond à ses nécessités, qui est pour lui attitude d'utilité ou de plaisir et dont il a créé la réalité en la faisant triompher, a son origine en dehors de lui-même et qu'elle lui a été commandée : il la divinise ou l'idéalise. Il fait que la force soit juste. Le monde moral ne peut donc exister que là où, préalablement, s'est formé un centre de force. Il est de nature essentiellement parasitaire. Il est aussi, partout et toujours, un mode spécial, un état particulier de la force.

Platoniciens, Kantiens, moralistes, tandis qu'ils croient découvrir dans l'abstrait, dans une catégorie spéciale de l'intelligence, le monde des idées, rendent donc hommage de la façon la plus éclatante à la toute-puissance de la force. Ce qu'ils opposent à la force c'est encore la force, un état de force, qui a si bien établi sur eux son pouvoir, qu'ils voudraient le défendre contre toute tentative future du jeu des autres forces. Ce qu'ils vénèrent sous le nom des idées Bien, Justice, Vérité, c'est un ensemble très particulier, de manières d'être qu'un groupe humain fit prévaloir à quelque moment dans le domaine de la sensibilité. Platoniciens, Kantiens, moralistes adorent sous le nom des Idées un état ancien de la force qu'ils tiennent pour sacré et qui leur paraît préexistant à toutes choses parce que sa tyrannie s'exerce de temps immémorial. Leur croyance et leur culte ne tendent qu'à décorer d'un nom nouveau un fait de puissance ancien, — afin de le fortifier, — à immobiliser l'humanité sous le joug d'un premier vainqueur en déclarant sacrilège toute lutte contre ce vainqueur.

Sous ce jour nouveau, le monde des idées n'a plus lieu de nous étonner. Le voici réintégré dans ce champ clos de la lutte pour la puissance qui est pour nous un principe explicatif d'une signification universelle. La tentative de Platon, en vue d'inventer avec l'Idée un principe supérieur à la force, se réduit à une manœuvre en vue d'assurer pour l'éternité le règne d'un état particulier de la force qui fut à un moment donné triomphant. L'invention du monde des idées, que Nietzsche appellera d'un terme plus significatif le monde moral, cette invention est la conséquence d'une victoire, il fait partie des avantages que procure la victoire. Entre divers peuples qui sont aux prises, celui qui l'emporte témoigne de ce fait qu'il est pour l'heure le plus fort; mais sa victoire lui procure en outre un bénéfice : un pacte la sanctionne, qui place dans une situation d'infériorité à son égard les rivaux qu'il a déjà vaincus dans des conditions moins favorables. Le monde moral repose sur un fait de suprématie de cette nature. L'avantage qu'il procure au parti vainqueur consiste en la formation d'un mensonge par lequel, au fait de puissance qui procura la suprématie, mais peut être à tout instant remis en question, se voit substituée une présomption selon laquelle cette suprématie est inhérente à la nature des choses. L'invention du monde moral est donc un épisode de la lutte pour la puissance. Son apparition manifeste qu'une force s'est rendue maîtresse d'une façon durable. Il est en même temps la suite et la fin d'un conflit. Il marque un temps d'arrêt dans la lutte engagée entre toutes les choses en vue de conquérir la puissance et le mensonge qu'il substitue à la réalité coïncide tout d'abord avec une réalité, avec un fait de puissance qu'il se propose d'éterniser.

Toutefois, cet accord entre le mensonge et le réel n'est point nécessairement durable : les choses sont en perpétuel changement ; ce qui fut la force, à quelque moment et dans des circonstances données, cesse, à quelque moment et dans d'autres circonstances, d'être la force. Il arrive alors que le monde moral n'est plus qu'un signe menteur de la puissance, le masque de la force sur les traits de la faiblesse. Il ne règne plus qu'au moyen d'une imposture, d'un bluff idéologique. Ce règne de la faiblesse signifie-t-il donc qu'un principe différent de la force exerce ici son action et se manifeste sous le nom des Idées ? Non, mais qu'un état ancien de la force tire ses dernières conséquences et met en échec un état actuel de la force. Le principe de la volonté de puissance, *il n'est pas de force au-dessus de la force*, ne reçoit donc de ce fait aucune atteinte, mais il fallait exposer ce cas particulier du monde moral où il prête, sous le nom de l'Idée, un pouvoir à la faiblesse pour justifier la violence à son égard des attaques de Nietzsche. Nietzsche, en effet, en est venu à ne voir dans le phénomène moral que ce fait de falsification, que ce cas particulier, auquel d'ailleurs aboutit nécessairement, à quelque moment donné, le mensonge qu'est toujours, en son essence et dès son origine, toute présomption morale.

Toute la tendance de la philosophie de Nietzsche va, ainsi qu'on l'a énoncé en *De Kant à Nietzsche*, à précipiter l'évolution ascendante de la vie. En harmonie avec la Volonté de puissance, qui aspire à s'élever toujours au-dessus d'elle-même, Nietzsche a hâte de supprimer ces états où la force se met en opposition avec elle-même au lieu de se manifester en la convergence d'un unique élan. C'est cette tendance maîtresse qu'exprime la parole de Zarathoustra : « Le meilleur doit régner. » Or le meilleur c'est à tout moment donné ce qui *est* et non ce qui *fut* le plus fort. La morale, qui perpétue le triomphe d'un état ancien de la force sur un état actuel, s'oppose ainsi au règne du meilleur. La voici un élément de ralentissement dans l'ascension vers les formes les plus hautes de la vie, un élément de corruption. Ces considérations expliquent dans quel sens Nietzsche a pu, dans *la Volonté de puissance*, tenir la morale pour une expression de la décadence et la condamner comme une manifestation contre nature. Elles expliquent aussi la violence de ses attaques contre la tentative idéologique du spiritualisme platonicien : sous le masque de l'idée, c'est en effet, avec cette tentative, un état ancien de la force qui se voit opposé à un état actuel. Il s'agit donc pour Nietzsche de briser la présomption idéologique, fruit de la victoire lointaine, et qui ne couvre plus qu'un état de faiblesse. Il s'agit de supprimer la vénération qui milite encore en sa faveur, de remettre aux prises toutes les forces dont elle arrête l'élan et qui, à l'état normal, en se disputant la suprématie, assurent le règne du meilleur. Il s'agit de substituer à une aristocratie nominale une aristocratie de fait.

III

Parmi les idées inventées par la philosophie

platonicienne en vue d'assurer, durant l'éternité, le règne d'une manière d'être qui avait su conquérir la suprématie à un moment donné de l'histoire humaine, il en est une qui est en quelque sorte la clef de voûte de tout l'édifice, c'est l'idée du Vrai. C'est elle en effet qui pratique, sur le phénomène moral, sur le phénomène esthétique et sur le phénomène logique, l'interversion de cause à effet, le faux en matière d'état civil et de généalogie, dont on a dit qu'ils étaient le procédé typique de toute création idéologique. L'idée du vrai dépouille ces phénomènes de la valeur certaine qu'ils tiennent d'avoir prévalu dans l'esprit des hommes, pour leur attribuer une valeur d'une autre nature, celle que créerait en leur faveur le fait d'une existence distincte, antérieure et supérieure à toute activité. Elle les soustrait ainsi à la lutte qui, ayant fait triompher hier telle espèce d'hommes, peut donner la victoire demain à telle autre espèce et déterminer le règne d'une forme différente des idées. C'est elle qui métamorphose le fait de puissance, exprimé par le triomphe d'une sensibilité particulière, en la prétendue substance idéologique.

Le concept de vérité signifie de la sorte à lui tout seul l'existence d'un monde distinct de celui de la force. C'est lui qui prétend mettre un terme au conflit engagé entre toutes les choses et immobiliser le monde sous le joug de l'idée. Il est l'agent métaphysique par excellence. C'est lui qui, à la déduction logique : « *bien, beau parce que dépendance et émanation d'une sensibilité triomphante* », substitue celle-ci : « *bien, beau parce que conforme à un en soi, à l'idée en soi du bien, du beau* ». C'est lui qui affirme en même temps, et l'existence d'un *en soi*, et l'identité d'une forme type de l'idée avec cet *en soi* unique. Il exclut de la sorte toute légitimité d'une autre forme quelconque de l'idée. En même temps, et comme il existe pourtant dans le monde, tel qu'il s'offre à l'observation, des formes divergentes, il institue une loi de finalité. Il rive ainsi toutes les forces du devenir à la nécessité d'aboutir au but unique spécifié par l'idée. Mais par là, il fait surgir une nouvelle antinomie, celle qui résulte de la coexistence de l'être et du devenir. Nietzsche n'a pas manqué de la relever : « Si le monde avait un but, dit-il, il faudrait que ce but fût atteint... S'il était capable de persévérer et de persister, capable *d'être*, si, au cours de son devenir, il possédait ne fût-ce que pendant un seul instant cette faculté *d'être*, c'en serait encore fait depuis longtemps de tout devenir (1). »

(1) *La Volonté de Puissance*, II, p. 181.

Nietzsche, cependant, n'a pas consacré à l'idée de Vérité une analyse et une discussion spéciales et son procédé à l'égard de cette conception, où se résume toute métaphysique, est à vrai dire tout indirect. Il n'en conteste pas tout d'abord l'existence, il ne s'attache pas à faire éclater son caractère imaginaire ; il semble mettre en doute seulement son utilité et son importance. A supposer, demande-t-il, dans *Par delà le Bien et le Mal*, à supposer qu'une vérité existât, quelle serait sa valeur pour la vie ? Ne faudrait-il pas lui préférer l'erreur, l'illusion, l'incertitude ? Et il formule : « La fausseté d'un jugement n'est pas pour nous une objection contre ce jugement, c'est là ce que notre nouveau langage a peut-être de plus étrange. Il s'agit de savoir dans quelle mesure ce jugement entretient et conserve la vie, maintient et même développe l'espèce (1). » Mais le fait seul de considérer l'idée de Vérité sous ce jour de la comparaison et de conclure à sa moindre importance, en la tirant hors du domaine de l'absolu où elle avait été placée, dans celui du relatif, équivaut en réalité à la négation de son existence. Il y a plus, et Nietzsche, par la manière même dont il pose la

---

(1) *Par delà le Bien et le Mal*, p. 15.

question, non seulement supprime l'existence de l'idée métaphysique du vrai, mais lui assigne encore la place secondaire et subordonnée qu'elle occupe dans le monde physique. Il montre qu'elle tombe sous les mesures du nouveau mètre qu'il propose en vue d'évaluer la vie, celui-ci : « ce qui vaut pour la vie ». Un jugement faux en effet peut être utile à la vie et il possède alors sa valeur. Pourquoi donc ce jugement, le plus faux de tous, par lequel certaines propositions se proclament vraies d'une vérité universelle, pourquoi ce jugement n'aurait-il pas aussi sa valeur pour la vie ? Pourquoi, pour parler la langue philosophique, les jugements synthétiques à *priori*, ceux sur lesquels se fonde, selon Kant, la notion de certitude, pourquoi ces jugements seraient-ils dénués de valeur ? Nietzsche déclare : « Il est enfin temps de remplacer la question de Kant : « Comment les jugements synthétiques à *priori* sont-ils possibles ? » par une autre question : « Pourquoi la croyance en de pareils jugements est-elle nécessaire ? » C'est-à-dire qu'il est temps de comprendre que, pour la conservation des êtres de notre espèce, ces jugements doivent êtres tenus pour vrais, ce qui ne les empêcherait d'ailleurs pas d'être des jugements faux (1). » Il

(1) *Par delà le Bien et le Mal*, p. 27.

donne ainsi une explication, du point de vue du monde physique, de la formation de l'idée métaphysique du vrai : cette idée a sa valeur comme illusion, comme artifice et comme moyen pour la vie. C'est ce même procédé de démonstration auquel on s'est conformé, au début de ce chapitre, lorsque l'on a montré que l'invention du monde des idées était un moyen, pour un état de force déterminé et en possession du pouvoir, de prolonger, par un artifice, la durée de son triomphe.

Peut-être n'est-il pas superflu de faire remarquer ici qu'il n'existe pas, en cette matière, d'autre démonstration possible et que l'on ne saurait établir d'une façon directe qu'une chose imaginaire n'a point d'existence. On peut prouver qu'une chose n'existe pas, en un endroit et en un temps donnés. Mais comment démontrer qu'une chose n'existe pas, dont ceux qui l'ont imaginée ont situé l'existence en dehors de toutes les conditions auxquelles nous reconnaissons qu'une chose existe? C'est le cas du monde des idées.

La seule méthode de disqualification qui puisse être employée à l'égard de semblables créations de l'esprit est celle dont on a usé ici en commentant les analyses de Nietzsche. Elle consiste à faire ressortir tout d'abord le caractère imaginaire de ces créations, à établir en second lieu leur inutilité comme principe d'explication, attendu que la causalité naturelle est fertile en explications plus satisfaisantes pour l'esprit, enfin à faire sentir leur utilité en tant qu'on les considère comme une invention du monde physique, utilité qui suffit à expliquer qu'elles aient été imaginées.

C'est parce que cette triple argumentation constitue la démarche même de la pensée de Nietzsche, que les affirmations de Zarathoustra sont tout autre chose que des énonciations personnelles, que leur lyrisme même est plein de significations profondes et que l'ensemble de l'œuvre exerce sur la mentalité contemporaine une influence aussi déterminante.

Parmi les trois modes dialectiques de la méthode, il convient d'attirer particulièrement l'attention sur le dernier qui est de beaucoup le plus important et qui, avec le développement que l'on a exposé sur les jugements synthétiques *à priori*, marque le point culminant de la conception de Nietzsche. En montrant, avec ces jugements, la croyance à la certitude comme une ruse inventée par le monde physiologique, Nietzsche montre expressément le vrai domestique de l'utile et introduit dans le mécanisme de l'univers la nécessité de la Fiction.

IV

De toutes les idées platoniciennes auxquelles la conception de vérité confère une valeur métaphysique, celle que Nietzsche a le plus violemment combattue est l'idée du Bien en soi, cette idée dont Kant, après Platon, a fait en quelque sorte sa propriété. C'est aussi l'idée qui intéresse le plus directement le désir humain. Elle se présente en effet comme la clef de la morale, et la morale, malgré son renom austère, passionne l'humanité comme un roman. L'homme ne sépare pas l'idée de morale de l'idée de bonheur. La morale lui apparaît comme un moyen savant d'atteindre la félicité. C'est le plus intime et le plus égoïste de son être qui est intéressé à la solution du problème moral.

Aussi, avec l'idée d'un Bien en soi, l'esprit métaphysique, interprète de la passion populaire, a-t-il fait le plus violent effort pour opposer à la force un principe qui lui fût supérieur et fournît à la morale une base immuable. Afin de réaliser une si grave entreprise, on trouve, en tous les pays du monde, les philosophies alliées, de la façon la plus étroite, aux religions locales. Quand plus tard elles s'en séparent, c'est aux époques où l'esprit d'analyse menaçant de ruiner les arguments de la foi, il paraît opportun de donner à l'ancienne croyance des soutiens nouveaux, mieux adaptés aux formes de la crédulité contemporaine. Le rationalisme prend alors la place de la théologie et poursuit, d'une façon plus directe, la même tâche.

En cette seconde phase, la morale se décore d'une apparence de certitude beaucoup plus forte qu'en la précédente : tant, en effet, qu'avec la religion, elle demeure ethnique ou nationale, calquée sur des attitudes d'utilité propres à des races ou à des nations distinctes, elle laisse voir, au regard de l'observateur des différences qui proviennent de la diversité des intérêts dont elle est la servante, elle montre ses liens de dépendance, ses attaches physiologiques, et un esprit tant soit peu critique a bientôt discerné que le phénomène moral, variable au gré de l'utilité humaine, ne forme point un monde distinct du monde physique, ni d'une essence supérieure. Au contraire, après qu'elle s'est séparée de la religion, la morale, devenue autonome, tend, interprétée par les moralistes, à se dépouiller des nuances diverses que chaque religion lui imprimait tour à tour, pour ne conserver que ce qui est commun à toutes les religions. Elle en est ainsi venue à présenter, de notre temps, un caractère d'universalité qui donne le change sur ses véritables origines et subjugue tous ceux que presse encore, sous le masque de la Raison, le besoin religieux.

Du fait qu'elle se distingue des morales religieuses, ethniques ou nationales, qui se montrent des dépendances d'une utilité particulière et plongent leurs racines dans le monde physique, il semble que la Morale n'accepte point une même origine et qu'elle relève, par conséquent, d'un principe transcendant et métaphysique. Dès lors, le divin renaît sous les apparences de l'Idée, l'ancien dualisme est reconstitué, on instaure, de nouveau, un principe différent des lois de la physique. Le Bon Droit s'oppose à la force dont l'intervention justifie seule le triomphe momentané de l'Egoïsme, de l'Injustice et du mensonge, ces formes modernes de l'esprit du mal, dont le Malin tenait l'emploi, naguère, dans l'affabulation théologique. Le fait moral conditionné par l'idée du Bien devient donc, au regard de la croyance contemporaine, quelque chose d'absolument distinct du fait physique, c'est un principe d'une autre nature, doué d'une puissance de réalisation, en fin de compte supérieure, et dont la notion, apparue dans la conscience, dicte à l'humanité son devoir et fixe à l'évolution sa voie. L'idée morale est ainsi, de la façon la plus expresse, cette forme idéologique de la croyance à laquelle Nietzsche a opposé le déterminisme de la force et dont il va montrer qu'elle n'est qu'une expression hypocrite de la volonté de puissance, du déterminisme de la force.

Cette démonstration, Nietzsche l'a effectuée en faisant voir que, pour n'être pas, à la façon des religions anciennes, l'expression d'une utilité ethnique ou nationale, la croyance religieuse, qui s'est formée autour de l'idée du Bien et de ses satellites, Justice, Droit, Vérité, n'en est pas moins la pétition d'un intérêt physiologique : intérêt physiologique commun à une catégorie sociale représentée dans toutes les races et dans toutes les nations, celle des faibles et des médiocres, celle du grand nombre, dans son opposition avec l'élite aristocratique qui, dans tout le monde antique, fut maîtresse. C'est cet intérêt physiologique que recouvre et dissimule dans le monde moderne la vérité chrétienne, sous ses divers aspects religieux ou laïque. Le triomphe actuel de cette morale qui se targue d'un caractère d'universalité, c'est donc le triomphe d'un type physiologique particulier et distinct, que Nietzsche a ramené d'une façon caractéristique au type chrétien. Avec un instinct d'une admirable puissance de pénétration, il a suivi à travers l'histoire la suite des manifestations où cette catégorie physiologique s'est fait jour sous le masque de l'idée. C'est là un des aperçus les plus passionnants de son œuvre et on en fera l'exposé en la dernière partie de cette étude où l'on traitera des manifestations concrètes et historiques de la croyance idéologique.

En cette place, où l'on relève les manifestations théoriques de cette croyance, il convient plutôt de signaler le mode d'argumentation que le philosophe de la Volonté de puissance a fait valoir à son encontre. Or, ce mode, c'est celui de l'analyse psychologique appliquée aux sentiments moraux. Nietzsche a considéré tour à tour ces manières d'être caractéristiques que sont le sentiment du mérite et du démérite, de la faute, du remords, du contentement intérieur, ces appréciations portées sur les actes, et qui les distinguent en bons et mauvais, et, au point de vue métaphysique ou théologique, qui explique ces manières d'être et ces appréciations, par leur rapport avec une idée du Bien existant en soi ou promulguée par la divinité, il a opposé des explications positives, montrant l'origine des unes et des autres dans l'intérêt humain.

Les hommes, dit Nietzsche, se sont inventé et donné eux-mêmes tout leur bien et tout leur mal; ils ne les ont pas découverts dans une catégorie de la Raison ; ils ne les ont pas reçus comme d'une voix tombée du ciel. « C'est l'homme qui mit des valeurs dans les choses, afin de se conserver (1). » Sous cette formule de Zarathoustra prennent place les développements et les analyses que l'on rencontre plus spécialement dans *la Généalogie de la morale* et dans quelques chapitres de *Par delà le bien et le mal, Histoire naturelle de la morale, Nos vertus, Qu'est-ce qui est noble?* De pareils développements et de semblables analyses, le lecteur saura les distinguer dans les aphorismes d'*Aurore*, du *Gai savoir*, de *Humain trop humain* et de l'œuvre entière de Nietzsche, s'il se les représente sous la forme de ce but précis poursuivi par l'auteur : montrer que toutes les conceptions morales, celles-là mêmes qui impliquent les pratiques les plus cruelles de l'individu à l'égard de lui-même, se proposent de conserver l'individu, de le rendre plus fort et plus puissant, qu'elles sont toutes l'expression d'une coutume, de manières d'être et d'agir qui ont procuré soit à un individu, soit à un groupe

---

(1) *Ainsi parlait Zarathoustra.* Ed. du Mercure de France, p. 82.

social, une augmentation de force, ou dont le groupe ou l'individu attendaient ce bénéfice. Par ces analyses, qui tiennent dans son œuvre une place considérable, et qu'il faut savoir embrasser d'un regard d'ensemble, Nietzsche, renouvelant le point de vue de La Rochefoucauld, et l'interprétant dans le sens de sa propre conception, a donné comme principe d'explication des phénomènes moraux, le désir, chez l'individu, d'augmenter son pouvoir, montrant, partout, que les idées morales qui l'emportent dans l'esprit d'un groupe humain sont celles qui, après l'essai de beaucoup d'autres, après mainte expérience, après mainte élimination, se sont avérées les plus propres à procurer à ce groupe le plus de force et de puissance.

Il n'est pas possible d'entrer ici dans le détail de ces analyses ; répandues, ainsi qu'on l'a noté, dans l'ensemble de l'œuvre du philosophe, elles formeraient, réunies sous une même rubrique, la matière de plusieurs volumes. Si elles tirent, du reste, une grande valeur, de la vigueur exceptionnelle de la pensée de Nietzsche, si elles ont fait accomplir un progrès considérable à la science de l'analyse psychologique, et, si elles ont posé, en maint endroit où la curiosité ne s'était pas éveillée, des points d'interrogation et des problèmes nouveaux, elles ne comptent pas pourtant parmi les démarches complètement originales de son génie. Depuis La Rochefoucauld, qui fixa le point central de toute psychologie, cette application de la méthode psychologique aux sentiments moraux ne fut jamais abandonnée en France et l'Allemand Beneke, en composant la *Physique des mœurs*, manifesta que ce souci avait aussi sa place en Allemagne. Ce qui toutefois est original chez Nietzsche, c'est le point de départ nouveau et si fécond en résultats qu'il a donné à ces recherches en formulant son critérium de la valeur, en substituant à la Vérité, ancienne mesure des choses, et, qui, pour avoir perdu son autorité dans le domaine moral, n'y avait pas été pourtant remplacée, son nouveau mode d'évaluation, à savoir, ce qui est utile à la vie, ce qui est utile à une forme de vie particulière, à la forme d'existence particulière qui, pour tout observateur, est l'objet actuel de l'observation. Si l'on ajoute qu'avec la notion de l'utile Nietzsche désigne expressément ce qui augmente la force, on concevra que l'on possède avec cette formule une méthode d'examen d'une précision aussi parfaite que le comporte une semblable matière.

Fidèle à cette méthode, Nietzsche s'est d'abord enquis, sous le jour de son nouveau critérium, de la valeur des valeurs morales elles-mêmes. « Ont-elles jusqu'à présent, demande-t-il, enrayé ou favorisé le développement de l'humanité ? Sont-elles un symptôme de détresse, d'appauvrissement vital, de dégénérescence? Ou bien trahissent-elles, au contraire, la plénitude, la force, la volonté de vivre, le courage, la confiance en l'avenir de la Vie (1)? » Mais à de telles questions, les réponses sont multiples et diverses : car nous sommes ici dans le domaine de la physiologie, où, à la simplicité de la méthode métaphysique ou religieuse, qui consistait à objectiver, en vue d'une apologie, et pour lui conférer une valeur universelle, une conception de l'idée du Bien propre à une civilisation particulière, s'oppose l'extrême complexité d'une recherche qui pose, en termes de physique, un problème jusqu'alors éludé. Aussi apparaît-il qu'il est indispensable, pour estimer la valeur des valeurs morales, d'étudier « les conditions et les milieux qui leur ont donné naissance, au sein desquels elles se sont dé-

(1) *La Généalogie de la Morale*, Ed. du Mercure de France, p. 18.

veloppées et déformées (1) ». Alors elles se manifesteront selon les époques, les lieux et les circonstances, tantôt comme des symptômes de maladie ou de santé, comme des causes ou des conséquences, comme des poisons ou des remèdes, et comme des masques aussi parfois, ayant pour but, soit de dissimuler un processus de désagrégation, soit au contraire de cacher à tous les yeux les manœuvres les plus secrètes de la force.

Il arrivera souvent que les mots « bien » et « mal » auront, sous le jour du nouveau mètre *ce qui vaut pour la vie*, un sens absolument contraire à celui que leur assignait l'ancien mètre idéologique. Il arrivera le plus souvent encore que le bien de l'un se montrera le mal de l'autre. C'est ainsi qu'à la suite des développements qui terminent cette étude il apparaîtra que le christianisme comporte cette double et contradictoire interprétation, selon qu'on l'observe dans le milieu des maîtres ou dans celui des esclaves. Pour les esclaves, il se montrera l'attitude d'utilité par excellence, étant le moyen de ralliement qui les assemble et leur donne la force avec la conscience de leur nombre, les élevant en outre, avec la fiction de l'âme, au niveau des maîtres. Pour

(1) *La Généalogie de la Morale.*

ceux-ci, il se montrera, dès qu'il sera accepté avec sincérité, le symptôme typique de la dégénérescence, impliquant l'aveu qu'ils sont, avec ceux du troupeau, sur un pied d'égalité, impliquant le mépris des qualités positives qui les avaient naguère sacrés des maîtres.

C'est toujours de ce point de vue concret d'une physiologie donnée que l'on voit Nietzsche évaluer sur le terrain de la moralité. A ces yeux, les idées morales ne tirent jamais leur existence que de leur rapport avec quelque catégorie physiologique individuelle ou collective, ethnique ou sociale. Dans l'individu, comme dans le groupe humain, elles sont toujours liées par le rapport le plus étroit avec un état de santé ou de maladie, de force ou de faiblesse, de croissance ou de déclin. Pour l'individu comme pour le groupe, il existe un ensemble d'idées morales qui traduisent son état le plus florissant et le maximum de force auquel il peut atteindre, il est un autre ensemble d'idées morales qui décèlent ou causent un état de ralentissement des fonctions, un état d'anémie, un amoindrissement. Ainsi aucune idée n'est, en soi, ni morale ni immorale. Elle est ceci ou cela, selon qu'en raison de la disposition particulière aux éléments vivants qu'elle rencontre, elle est pour ceux-ci une cause d'harmonie et de convergence ou de désaccord et de dissociation, selon qu'elle augmente ou diminue de ce fait la quantité de force d'un organisme individuel ou social. Le pouvoir de produire de la force est donc ici le seul critérium de la morale. La force est la commune mesure à laquelle il faut réduire les idées pour les ranger sous les étiquettes Bien et Mal.

S'agit-il de décider quelles conceptions morales auront l'expansion la plus grande, parmi celles qui furent enregistrées dans la physiologie des divers individus ou des divers groupes, c'est encore la force qui intervient ici, sous son aspect le plus positif. En un lieu donné celles-là l'emportent, parmi les idées morales, qui sont utiles au groupe humain le plus fort. Ce sont ces idées triomphantes qui se donnent par la suite pour uniques et se réclament d'une origine métaphysique.

Partout donc, lutte en vue de dominer, partout le plus fort l'emportant, et, par sa victoire, imposant d'une façon universelle, une manière d'être qui sera dite morale, qui sera le Bien, en sorte que l'idée du Bien se montre de la façon la plus positive une émanation et une dépendance de la force. A l'intervention, dans l'ordre moral, d'une entité idéologique dont l'existence est hypothétique, invérifiable et inutile, dont le déterminisme ne saurait être rattaché à aucun anneau de la causalité physique, voici donc substituée une double série d'explications d'ordre physique, propres à rendre compte, de la façon la plus satisfaisante pour l'esprit, de la nature du phénomène moral.

Avec sa distinction de *la morale des maîtres* et de *la morale des esclaves*, Nietzsche a composé de ces points de vue une illustration exemplaire et schématique qui, présentée ici, sera, en quelque sorte, une introduction à l'exposé que l'on fera, par la suite, des manifestations historiques et concrètes de l'idéologie, que le philosophe a relevées et dont il a suivi le progrès avec le judaïsme, le christianisme et l'idéal égalitaire contemporain. Avec cette généralisation déjà concrète il a montré les évaluations propres à deux catégories physiologiques différentes occupant tour à tour le rang suprême dans l'ordre des mœurs et représentant tour à tour la Morale humaine, selon que la catégorie physiologique sur laquelle chacune d'elles est née est triomphante ou asservie.

C'est sans déguisement aucun que dans le milieu

d'une race conquérante la conception du Bien se fonde sur le fait pur et simple de la force. Entre ce qui est fort et ce qui est bon, il y a dans un tel milieu une parfaite identité. « Je voudrais que l'on commençât par s'estimer soi-même, » dit Nietzsche dans *la Volonté de Puissance* (1). Ainsi fait expressément l'homme de la race des maîtres. Il estime les qualités qui l'ont rendu fort et l'ont fait triompher : l'audace, la bravoure, l'adresse, la perfection des sens, la sûreté et la promptitude de l'intelligence, la dureté aussi et juqu'à la cruauté. De même il juge bon tout ce qui est pour lui plaisir, tout ce qui est invention de son désir, et, comme la force dont il dispose fait que ce désir ne rencontre pas d'obstacle, c'est ce désir, selon ses libres formes, selon sa spontanéité, qui crée la matière première des mœurs, des bonnes mœurs. Aux termes de l'évaluation propre à la morale des maîtres, le bon c'est donc le fort, le puissant, le noble, expressions alors synonymes ; le mauvais, c'est, par contraste, le faible, le débile, le mal venu de corps et d'esprit, le vaincu. Evaluation strictement physique et qui n'implique rien au delà des termes qu'elle emploie. Nécessairement, car d'autres termes n'existent pas encore,

---

(1) II, p. 246.

ni une autre signification pour ces termes nouveaux : la conception morale, qui est devenue depuis prépondérante et qui enfantera ces significations nouvelles, n'est pas encore née. Elle ne peut l'être, car elle n'est qu'une réplique et va surgir, dans le milieu des vaincus, sous forme de réaction contre l'évaluation des maîtres.

Il faut donc que celle-ci la précède. Dès qu'elle existe, l'évaluation des esclaves va se former d'après elle, c'est-à-dire en prenant le contre-pied de toutes ses appréciations, en niant tout ce qu'elle affirme, en affirmant tout ce qu'elle nie. Le bon de la morale des maîtres devient le mauvais dans les évaluations de la morale des esclaves et le mauvais de la morale des maîtres devient nécessairement le bon dans l'évaluation des faibles, puisqu'il est le type même du faible, du vaincu.

Toutefois, l'écart entre les deux évaluations va plus loin que cette inversion pure et simple. A l'égard du bon et du mauvais, le maître et l'esclave n'éprouvent pas semblable sentiment et les deux termes n'ont pas, d'une façon absolue, un sens symétriquement opposé. Pour le maître, le mauvais, c'est celui dont on n'a rien à craindre, celui qui, en raison de sa faiblesse, ne dispose d'aucun pouvoir. Il n'inspire point la haine, mais le mépris ou plutôt il est celui avec lequel on ne compte pas, celui dont on peut disposer comme on veut, que l'on n'appréciera qu'en raison du rendement que l'on en peut tirer. Pour l'esclave, au contraire, le mauvais est celui dont il a tout à redouter, c'est celui dont tous les actes à l'égard du faible se manifestent par une souffrance ou une humiliation ressentie par celui-ci, c'est proprement le *méchant*. De même que le bon est, au regard du maître, celui qui, à l'occasion, peut être un danger, le bon est au regard du faible celui dont on n'a rien à redouter et qui n'a pas le pouvoir de nuire. Et, sur la physiologie du faible, va croître toute une végétation de sentiments et d'évaluations déterminés par sa faiblesse et qui transforment en vertus et en qualités ce qui est tare et défaut au regard de l'appréciation noble, qui, inversement, tournent en vices les qualités et les vertus des maîtres.

C'est sur la physiologie de l'esclave que se développe, entre autres, le culte de l'acte désintéressé, car tout acte intéressé du maître et qui vise un but se traduit à son égard par une exploitation. C'est à ses yeux que la pitié, une injure pour ceux de la caste des maîtres, est devenue la plus précieuse des vertus. C'est de cette source physiologique enfin qu'a jailli tout l'ensemble des idées morales qui ont triomphé avec le christianisme, qui règnent aujourd'hui en Europe et sont devenues *la morale* au sens métaphysique du mot.

Il ne s'agit pas ici de discuter et de contester tel ou tel point des analyses de Nietzsche : l'intérêt qu'elles présentent est d'un ordre plus général et ne saurait être amoindri par une rectification de détail. Cet intérêt, c'est de nous montrer les racines physiologiques des sentiments moraux : qu'ils prennent naissance dans le milieu des maîtres ou dans celui des esclaves, il apparaît qu'ils ne sont jamais autre chose à l'origine que des attitudes propres à une sensibilité, — attitudes de plaisir, attitudes actives, spontanées et créatrices dans le premier milieu où la volonté de puissance, servie par la force, ne se voit pas imposer de limites et se développe selon ses modes originaux, — attitudes d'utilité et de défense, attitudes réactives et provoquées dans le second milieu, où le désir de puissance, contraint et entravé, voit tous ses efforts déterminés par la force qui l'opprime. — Enfin, dans l'un et l'autre cas, nous voyons les manières d'être utiles à chacune de ces catégories se manifestant comme des morales universelles lorsque les physiologies qui les supportent prévalent sur les autres. Si la morale des maîtres se montre pourvue dès l'origine d'un caractère impératif universel, c'est qu'à l'origine les maîtres sont les maîtres et font dominer leurs évaluations. Il n'en est pas de même de l'autre morale qui demeure longtemps, et tant que la catégorie des maîtres occupe le pouvoir, un mode d'évaluation à l'usage de la populace, une manière basse de penser. C'est seulement avec le triomphe du christianisme, et lorsque les esclaves d'antan possèdent la force par le nombre, que cette évaluation se transfigure, devient la morale, prétend à un empire universel, et, oubliant ses origines positives, se réclame de l'Idée, de cette idée du Bien dont c'est l'œuvre de Nietzsche d'avoir rétabli la généalogie tout humaine.

V

C'est dans le domaine de l'idée morale que la lutte de Nietzsche contre l'idéologie a eu le plus grand retentissement. On en a indiqué le motif en signalant que la morale apparaît toujours dans l'esprit des hommes ainsi qu'une méthode raisonnée en vue d'atteindre le bonheur. Elle est donc la forme la plus immédiate et la plus commune du souci humain, et, en un temps démocratique, où l'intérêt du grand nombre vient au premier plan, ce souci atteint sa phase de développement la plus ample. Le souci esthétique, au contraire, n'intéresse que l'élite, une humanité déjà assez forte pour pouvoir se détacher, dans une certaine mesure, des préoccupations vitales les plus urgentes et s'inventer, au-dessus du besoin, un intérêt nouveau.

Si Nietzsche s'en était tenu à exercer sa dialectique contre l'idée du Beau, il n'aurait donc ému qu'un petit nombre d'esprits. Pourtant, son attitude à l'égard de la conception esthétique est au plus haut point révélatrice de la tendance générale de sa pensée ; elle dénonce sa préoccupation constante de s'opposer à ce qu'une catégorie de faits puisse être soustraite, par quelque moyen détourné, à la sphère où les volontés combattent pour la puissance. Cette attitude à l'égard du sentiment esthétique est d'autant plus typique qu'elle dépasse, semble-t-il, son but, qu'elle se présente avec le relief d'une exagération et montre, poussée jusqu'à l'obsession, la prévention de Nietzsche contre la croyance idéologique.

Avec l'idée du Beau, Nietzsche ne rencontrait pas en effet, comme avec l'idée morale, un fantôme tyrannique régnant despotiquement sur les imaginations. La conception du beau platonicien, d'une entité idéologique objective, ayant son *en-soi* comme l'idée du Bien, n'a pas eu la même fortune que cette idée même. L'esprit théologique a pris ombrage d'une idée qui, dans ses manifestations artistiques, lui parut intéresser trop directement les sens et voisiner trop souvent avec la volupté. Condamnée dans cette sphère des productions d'art où elle montre le mieux sa vitalité, l'idée du Beau a été réduite par les théologiens et les philosophes, demeurés disciples de Platon, à n'être qu'un apanage et un attribut des autres types idéologiques, à se confondre avec l'idée du Bien ou l'idée du Vrai. Le Beau fut la splendeur du Vrai, et cette définition qui n'implique, en la chose définie, aucune réalité distincte n'est qu'une fleur de rhétorique, — une fleur funéraire. Toute théorie d'un beau objectif fut, par la suite, œuvre de pédagogues et a trouvé la place qui lui convient dans les dialogues de *Bouvard et Pécuchet*. Il n'est pas au contraire de philosophe ou de savant qui compte, dont les inductions et les analyses n'aient ramené aux termes de la psychologie les questions esthétiques et n'aient fait, de l'idée du Beau, une conception subjective, une dépendance et une catégorie déterminée de l'activité. Tel fut le point de vue de M. Ribot, tel est aussi celui qui, sous des perspectives diverses, dirigea les travaux de MM. Souriau, Ch. Féré et Létourneau, ceux de Groos, de Hugo Magnus ou de Helmholtz.

Nietzsche ne pouvait donc s'attarder à combattre la conception du Beau sur le terrain de l'objectivité de l'Idée. Il n'eût rencontré là que des adversaires indignes. Pour en rencontrer de meilleurs, il a tourné ses coups contre la conception de Schopenhauer, et son attitude est ici d'autant plus significative, que nul, mieux que lui, n'avait pénétré le sens et la portée de ce point de vue vraiment original, n'en avait fait un usage plus approprié, ne l'avait adopté tout d'abord avec une plus entière intelligence.

Selon Schopenhauer, l'attitude esthétique accompagne cette phase de l'existence, au cours de laquelle l'individu voit tomber le voile de Maïa, qui enfantait devant ses yeux le mirage de l'univers, et se dissiper l'illusion qui le faisait croire à la réalité des phénomènes. En même temps que s'évanouissent cette illusion et cette croyance, s'évanouissent aussi le désir et la crainte qu'il ressentait à l'occasion des phénomènes, et ceux-ci, dépouillés de leur réalité, lui apparaissant à l'état de mirages et de purs spectacles, déterminent cet état contemplatif qui est le sentiment esthétique.

C'est selon cette conception que Nietzsche, dans

l'Origine de la Tragédie, son premier ouvrage, expliquait la naissance de la tragédie hellénique. Elle lui apparaissait ainsi que l'artifice inventé par l'âme grecque pour triompher du pessimisme. Avec le spectacle tragique, le Grec, estimait-il, se compensait la douleur de vivre par la joie esthétique que lui donnait en échange la représentation théâtrale de cette douleur même. « C'est seulement, disait-il à cette époque, comme phénomène esthétique que peuvent se justifier éternellement l'existence et le monde (1). » Certes, Nietzsche employait déjà à une fin opposée à celle que poursuivait Schopenhauer la conception de celui-ci : si la vie est alors à ses yeux, comme aux yeux de Schopenhauer lui-même, injustifiable par l'éthique, si elle lui apparaît dépourvue de signification et de finalité, il lui semble cependant qu'elle trouve sa raison d'être et sa justification dans le sentiment esthétique surgissant dans l'esprit humain comme une ultime floraison et opposant au poids de la douleur le poids plus lourd de la beauté.

Cette conception du sentiment esthétique, si Nietzsche en eût fait l'entière application qu'elle comportait, pouvait être le grand ressort de son

---

(1) *L'Origine de la Tragédie*, Ed. du Mercure de France, p. 59.

système du Retour éternel. L'ivresse de Zarathoustra à l'heure du grand midi, l'ardeur de ses hymnes à la vie dans les deux chants de la Danse, la scène passionnée qui termine le second chant (« Mais alors la vie m'était plus chère que ne m'a jamais été ma sagesse »), enfin cette couronne du rire que Zarathoustra jette à ses disciples comme un symbole, prennent une claire signification si l'on fait intervenir pour les justifier la joie esthétique. Et de même, si l'on reconnaît la joie esthétique en cette joie « plus profonde que la peine » qui, dans le chant des heures, « veut la profonde éternité ».

On conçoit alors, et comme une conséquence nécessaire du déterminisme des motifs, que l'apparition d'un nouvel instinct, fait pour sentir la beauté et pour en jouir, transfigurant le monde au regard des hommes supérieurs recueillis par Zarathoustra dans sa caverne, les détermine à prêter le serment de fidélité à la vie, à vouloir le retour éternel de toutes les choses, en bien et en mal. « Mes amis, que vous en semble? Ne voulez-vous pas comme moi dire à la mort : « Est-ce là la vie, eh bien, pour l'amour de Zarathoustra, encore une fois (1)! » La volonté du retour se voit nécessitée du fait de la joie du spectateur, plus profonde

---

(1) *Ainsi parlait Zarathoustra*, p. 461.

que la souffrance de l'acteur : sous de telles conditions, et par le jeu naturel de la motivation, l'homme, acteur et spectateur, est soumis à la nécessité d'affirmer la vie, d'applaudir la représentation de la comédie et du drame humains et à réclamer que le spectacle recommence : « Eh bien, encore une fois ! » Ainsi la vie, à cause du sens de la beauté, qu'elle engendre au cours de sa propre évolution, triomphe de ce penchant à la négation et au suicide que Schopenhauer avait diagnostiqué, à cause de la douleur, et se jure la fidélité de l'anneau.

Toutefois, il ne faut pas trahir la pensée de Nietzsche : cette intervention du sens esthétique justifiant, sur le plan de la motivation, la théorie du Retour, Nietzsche ne l'a pas introduite dans son système. Il n'a pas voulu dépasser ce simple constat, établi, à ses yeux, par le fait même de l'existence : la joie plus profonde que la peine. Cette joie, si intense, qu'elle détermine l'homme, pour la posséder de nouveau, à faire encore une fois tourner la roue de l'existence, à affronter toute la série des instants dont la succession est nécessaire pour ramener l'instant auquel elle est liée, Nietzsche n'en a pas précisé la nature, il n'en a pas dévoilé le mystère. Il y a là de sa part un parti pris qui, à l'analyse, se révèle comme une répugnance à donner une construction entièrement logique de la vie, à montrer la vie, étroitement déterminée par le jeu d'un mécanisme précis et strictement définie par les termes d'une conception systématique. Son instinct le plus intellectuel l'avertit des limites du pouvoir de l'intellect et le dissuade de ressembler au professeur allemand qui, selon la satire de Henri Heine, sait harmoniser l'univers et en faire un système intelligible qui « avec ses bonnets de nuit et les pans de sa robe de chambre bouche les trous de l'édifice du monde ». Il faut faire place aussi dans ce parti-pris à cet instinct de grandeur et d'ascétisme qui l'éloigne des dénouements où tout s'arrange au mieux du bonheur, qui lui fait mesurer, dans *la Volonté de puissance*, la valeur d'un homme à son pouvoir de supporter l'incertitude et de l'aimer, le détourne en conséquence de faire entrer dans sa doctrine les éléments d'une certitude.

Il est intéressant de noter que ni Schopenhauer ni Nietzsche n'ont fait de cette notion du sentiment esthétique, telle que Schopenhauer la conçut, l'usage intégral que son développement logique autorisait. La passion maîtresse, supérieure à tout instinct logique, et qui incitait l'un à nier la vie et l'autre à l'affirmer, les a poussés l'un et l'autre à méconnaître la valeur explicative de cette notion : il a fallu qu'ils en vinssent à la déprécier, du point de vue de leur parti pris le plus intransigeant. L'un et l'autre, pourtant, se sont arrêtés à ce point vue, mais au lieu de le tenir pour un centre, d'où la vue intellectuelle pouvait embrasser un horizon parfait, ils l'ont aussitôt dépassé. Ayant une fois pour toutes conçu la vie comme une douleur, en tant que l'homme y est assujetti à la tyrannie de la volonté et qu'il y est circonvenu par la duperie du désir, Schopenhauer avait trouvé un remède à la douleur de vivre, lorsqu'il avait saisi la possibilité pour l'intelligence de se délivrer de sa chaîne et de reconnaître dans la vie douloureuse un pur fantôme, une vaine hallucination du désir. Il avait été jusqu'à concevoir la nature de la joie esthétique s'exprimant dans le fait de l'intelligence maîtresse de l'illusion et jouissant, comme d'un spectacle dont elle sait l'artifice, du drame phénoménal. Or cette substitution du sentiment esthétique à l'attitude où la volonté s'affirme dans le désir, formait, ainsi qu'on vient de l'exposer, un dénouement auquel il eût paru logique de se tenir ; car, si le propre du sentiment esthétique est de convertir en joie les douleurs de la volonté, il n'est plus question de chercher un remède à la douleur abolie. La logique commande d'expliquer la vie, phénomène donné et objet du problème, par cette invention du sentiment esthétique qui, mêlé à tous ses processus, y apporte cet élément de joie par lequel les puissances d'affirmation l'emportent en fin de compte sur les autres. Mais, dominé par l'inclination qui le contraignait à haïr et condamner la vie, Schopenhauer, au lieu de construire sa philosophie sur ces déductions plausibles, a pris un autre biais. Il n'a voulu voir en l'attitude esthétique qu'un geste préparatoire à celui d'un renoncement essentiel et qui s'exprime, en l'état de sainteté, par ce renoncement définitif de la volonté se refusant à transmuer en joie la substance de sa douleur et se reniant dans l'attitude de réprobation que consacre le nirvana.

Le cas de Nietzsche blesse encore plus directement la logique. En donnant, dans *l'Origine de la Tragédie*, le phénomène esthétique comme la seule justification possible de l'existence et du monde, Nietzsche a témoigné, ainsi qu'on l'a noté, qu'il avait saisi toute l'importance de la conception de

Schopenhauer et le parti qu'en pouvait tirer une philosophie résolue à affirmer la vie. Or, quand dix ans plus tard il compose son *Zarathoustra*, il traite la conception esthétique de Schopenhauer avec la même hostilité qu'il manifeste à l'égard de toutes les autres parties de la doctrine. Le chant qui a pour titre *l'Immaculée connaissance* est une description de l'état esthétique tel que le concevait Schopenhauer ; c'en est aussi une critique violente et dédaigneuse. Mettant en scène l'un des protagonistes de ce point de vue, il lui fait prononcer ces paroles que commentent, en aparté, les sarcasmes de Zarathoustra : « Ce serait pour moi la chose la plus haute (ainsi se parle à lui-même votre esprit mensonger), de regarder la vie sans convoitise, et non comme les chiens avec la langue pendante. Être heureux dans la contemplation avec la volonté morte, sans rapacité et sans envie égoïste, — froid et gris sur tout le corps, mais avec des yeux enivrés de lune. Ce serait pour moi la bonne part (ainsi s'éconduit lui-même celui qui a été éconduit), d'aimer la terre comme l'aime la lune et de ne toucher sa beauté que des yeux. Et c'est ce que j'appelle l'immaculée connaissance de toutes choses, ne rien vouloir des choses que de pouvoir me coucher devant elles ainsi qu'un miroir aux cent regards.—O hypocrites sensibles et lascifs, conclut Zarathoustra ! Il vous manque l'innocence dans le désire et c'est pourquoi vous calomniez le désir (1) !». Il y a loin de ce ton de Nietzsche à celui qui dominait dans *l'Origine de la Tragédie*, alors qu'il formulait : « La Volonté c'est l'inesthétique en soi (2). » Ce que condamne à présent Nietzsche, dans la conception du sentiment esthétique présentée par Schopenhauer, c'est cette attitude où il voit, selon l'interprétation même de ce philosophe, un détour par lequel les activités se dérobent à la lutte en vue de dominer, se soustraient à ce *certamen* qui, mettant aux prises toutes les choses entre elles, leur assigne un rang et assure le règne du meilleur.

Nietzsche, à la suite de l'évolution qui s'était produite dans sa pensée, eût pu condamner toute attitude esthétique comme une expression de dégénérescence, et ceci encore eût été logique, mais, le grand artiste qu'il était savait trop le prix de la beauté pour priver de son rayonnement sa conception de la vie. Aussi n'a-t-il pas hésité à substituer à sa première définition du beau une définition exactement opposée. Loin que la volonté soit l'ines-

---

(1) *Ainsi parlait Zarathoustra*, p. 174.
(2) p. 68.

thétique en soi, c'est maintenant au contraire une exaltation de la volonté portée à sa plus haute intensité qui va donner naissance au sentiment esthétique : « Où y a-t-il de la beauté ? demande-t-il. Là où *il faut que je veuille* de toute ma volonté, où je veux aimer et disparaître afin qu'une image ne reste pas image seulement (1). » Et dans la *Généalogie de la morale* il évoque une phrase, où Stendhal définit la beauté *une promesse de bonheur*, pour l'opposer à la définition de Kant : « Le beau, c'est ce qui plaît sans que l'intérêt s'en mêle. » Partout où Schopenhauer a éteint le désir, Nietzsche s'empresse de l'allumer de nouveau. Partout où il reconnaît l'idée de désintéressement, il relève un symptôme de décadence. Or il ne souffre pas que l'on décore de grands noms ces phénomènes de décomposition. C'est ainsi qu'après avoir rapporté la définition de Stendhal, il commente : « Nous trouvons récusé ici et éliminé ce que Kant fait ressortir particulièrement dans l'état esthétique : le désintéressement. »

Le désintéressement, voici le mot, voici l'idée qui blesse Nietzsche, dans la conception de Schopenhauer comme dans la définition de Kant.

---

(1) *Ainsi parlait Zarathoustra*, p. 175.

C'est un terme, en effet, qui ne comporte aucune signification du point de vue de sa conception de la Volonté de puissance et qu'il a vu naître sur le terrain des évaluations contraires, des évaluations idéologiques. Sur la voie du désintéressement, on s'écarte de l'arène où toutes les activités luttent entre elles pour la puissance, on s'aventure vers une région où le mètre de la force cesserait d'être applicable, où un autre mètre aurait cours. Et voici par où la réfutation de Schopenhauer par Nietzsche, dans l'ordre des questions esthétiques, se rattache à la préoccupation maîtresse du philosophe qui est expressément celle-ci : s'opposer à ce qu'une valeur soit placée, dans l'esprit des hommes, au-dessus de la force.

Nietzsche n'avait pas tort de récuser comme impossible la conception d'un acte exempt d'égoïsme. Autant imaginer un levier soulevant un fardeau et dont le point d'appui ne serait nulle part. Mais la conception esthétique de Schopenhauer, pour avoir été considérée par son auteur comme une introduction à une attitude de renoncement absolu qui réaliserait avec la suppression du monde, la suppression de l'*ego*, cette conception n'en renferme pas moins un élément qui permet seul de distinguer l'acte esthétique de tous les autres, et, particulièrement, des actes moraux aussi bien que des actes logiques. La fausse interprétation pratiquée par Schopenhauer peut expliquer, par un parti pris d'antagonisme, la fausse interprétation de Nietzsche ; elle ne la justifie pas : avec l'une et l'autre, l'acte esthétique s'évanouit et perd sa personnalité. Une analyse des divers modes de l'activité humaine sera de nature à lui restituer son caractère distinctif, ainsi qu'à préciser la nature, la signification et les limites de ce renoncement qui préside à la transformation où il prend naissance, que Schopenhauer a poussé à l'absolu et dont Nietzsche s'est efforcé d'exclure l'intervention.

On peut distinguer une première phase de l'activité au cours de laquelle, suscitée par le désir, celle-ci s'invente des buts, qui lui deviennent des besoins. Elle jouit de les atteindre et souffre de s'en voir écartée : ce premier état de l'activité intéressée pose le monde et fournit la substance de l'aventure psychologique. Avec lui sont institués ce concours et cette lutte, où chaque activité s'efforce à la fois de donner du prix aux objets du désir et de s'en emparer. C'est le domaine des besoins et des passions : qu'il s'agisse de la faim ou de l'amour, ou des instincts secondaires de propriété, de domination et d'exploitation, c'est un domaine où l'activité se voit strictement enfermée dans les limites du but que le désir assigne. Mais le but atteint, et, si l'énergie de l'acte n'a pas été entièrement épuisée par l'effort en vue d'obtenir le but, si une part en demeure inemployée, s'il en reste un excédent, il va arriver, ou que cette activité de surcroît va se mettre de nouveau à la poursuite d'un but identique à celui déjà atteint, ou qu'elle va s'inventer, avec quelque désir génial, un nouveau but (et dans ces deux cas c'est toujours sur le même plan qu'elle continuera de s'exercer), ou bien que, renonçant à la poursuite d'un but, elle va se dépenser en la contemplation pure et simple de son propre déploiement. C'est ce dernier avatar qui marque la naissance de l'activité et du plaisir esthétique. Cette activité diffère d'une façon essentielle de la précédente : elle est de nature secondaire et exige expressément, pour se produire, que la première se soit exercée préalablement. A l'analyse, et considérée isolément, elle témoigne d'un fait de puissance, puisqu'elle a pour condition un excédent de force ; en même temps, elle limite, de la façon la plus expresse, l'extension de la puissance, excluant toute application de l'activité à un but, tout empiètement sur l'extérieur.

L'activité esthétique débute avec le fait de conscience pur et simple, elle accompagne chez l'homme et, sous cette forme élémentaire, presque tous les actes qu'il accomplit. Mais nous ne la distinguons expressément que lorsqu'elle commence à se développer au détriment de l'acte utilitaire qui la supporte, que lorsqu'elle s'en détache et conquiert son entière indépendance. S'étant formée, dans l'individu, d'une dissociation des éléments de l'activité individuelle, le sens esthétique s'élargit à la contemplation de toute action exprimée dans l'univers. Parvenu à sa parfaite autonomie, il devient indifférent au succès ou à l'insuccès des processus utilitaires qui lui sont un spectacle. Il semble donc qu'il implique, ainsi que le veut Schopenhauer, un état de désintéressement, un renoncement de la volonté aux fins qu'elle s'était proposées. C'est ce qu'il faut accorder, mais il faut constater aussitôt que, si la volonté renonce aux premières formes de son désir, c'est parce qu'elle a greffé sur celles-ci des formes plus raffinées. Le renoncement a donc ici une contre-partie ; il n'est qu'apparent et marque une simple transposition du désir. Si la volonté se supprime sous un premier aspect, c'est pour ressusciter sous un aspect rénové aussi ardente que jadis, aussi fidèle à elle-même.

Cette genèse du sens esthétique ne semble en désaccord avec aucune des thèses essentielles de la Volonté de puissance. Le sens esthétique s'y montre conditionné par l'existence antécédente d'un surcroît de force : il fleurit sur la force et apparaît ainsi qu'une attitude luxueuse de l'activité. Mais constater qu'il dérive de la force, ceci n'est point le différencier des autres catégories d'actes qui toutes reconnaissent la même origine. Aussi, tant que l'on n'a pas noté cette déviation de la volonté, transformant un but en spectacle, on n'atteint pas le sentiment esthétique, et l'énergie, si frénétique, si intense, si héroïque qu'on la suppose, ne se traduira jamais qu'en actes exécutés avec plus d'ampleur ou répétés avec plus de fréquence. Nietzsche, dans ses derniers ouvrages, a volontairement négligé cette péripétie essentielle où l'activité se transmue. C'est ainsi que dans *le Crépuscule des Idoles* il a rattaché les concepts *beau* et *laid* à l'idée de ce qui exalte ou affaiblit l'homme physiologiquement. Or, réduite à cette définition, la catégorie des actes esthétiques se confond, sans distinction possible, avec celle des actes éthiques : l'esthétique est niée.

Nietzsche, on le répète, a été induit à ces conclusions par sa lutte contre toutes les formes de l'idéologie, et c'est en quoi son point de vue voulait être exposé ; mais il a été entraîné sur cette pente à dépasser de beaucoup le but qu'il s'était fixé. Il suffisait, en effet, pour ruiner toute prétention idéologique, d'établir qu'au-dessus de la force aucun principe ne régnait et que l'idée du Beau, comme l'idée du Bien, s'entait sur l'arbre généalogique de la force. Il était superflu d'exiger que le sentiment esthétique et les productions d'art fussent encore des moyens de stimuler et d'exalter les forces que la lutte pour la puissance met aux prises. En fait, il n'en est pas ainsi, et, si un tel résultat peut être atteint en certains cas, par déviation, par voie de conséquence indirecte et par l'intervention de circonstances nouvelles en des milieux changés, le sentiment esthétique, en son essence différenciée et dans le moment où il se formule, semblable à l'état de conscience dont il est l'amplification, n'ajoute rien à l'énergie qui s'emploie à l'accomplissement d'une tâche déterminée ; bien au contraire, il est pris sur elle et si celle-ci n'est point supérieure à sa tâche, si elle lui est tout juste égale, l'intervention du sentiment esthétique va la mettre en péril et la faire échouer. Ainsi le sentiment esthétique, lorsqu'il accompagne l'exécution d'un acte, n'est point un adjuvant. Il est tout le contraire : il est un poids sur l'acte. Mais par là il entre en ligne de compte dans une évaluation faite avec le mètre de la force et du point de vue de la lutte pour la puissance, l'intensité d'une énergie pouvant se mesurer à l'élévation du poids esthétique qu'elle peut supporter sans succomber à sa tâche.

Que le sentiment esthétique ait pu surgir dans le milieu humain, cela signifie qu'il s'est rencontré dans l'homme une somme d'énergie supérieure à l'effort qu'exigeaient sa conservation et sa croissance. Un tel constat est de nature à fixer la place de l'activité esthétique dans le plan d'une philosophie de *la Volonté de puissance*, tout en lui conservant ses caractères différenciés. A appliquer les images créées par Nietzsche à cette conception qui, semble-t-il, eût pu être la sienne, à considérer les idées *joie* et *peine* sous le jour de leur rapport avec le sentiment de puissance, on pourrait voir, en cet excédent de force par lequel la volonté l'emporte sur les fatalités qui la pressent, et sourit au-dessus de sa tâche, en ce sens contemplatif, où ce surcroît de puissance éclate, cette joie plus profonde que la peine, qui, aux douze coups de l'heure, détermine le oui nuptial par lequel la Vie se jure à elle-même la fidélité de l'anneau.

VI

On a constaté que dans le domaine esthétique les tentatives de l'idéologie avaient eu peu de succès, qu'elles n'avaient pas réussi, et ne s'étaient pas appliquées peut-être, à édifier ces citadelles qui projettent encore sur le territoire de la morale des ombres redoutables. C'est faute sans doute d'avoir rencontré une résistance suffisante que l'effort de Nietzsche semble avoir ici dépassé son but.

Il en est tout autrement dans le domaine logique, où bien plus fortement encore que dans le domaine moral, depuis un temps beaucoup plus long et au-dessus de toute discussion, la croyance à un *en-soi* idéologique est enracinée dans l'esprit humain. C'est dans ce domaine aussi que les analyses de Nietzsche se sont excercées avec le plus de force, d'originalité et de profondeur. Avec la négation de la vérité logique, la réforme philosophique atteint son point extrême et prend le caractère d'une révolution. Il s'agit en effet ici de mettre en doute les conclusions de l'Esthétique transcendantale de Kant, de contester l'*a priori* des notions de temps, d'espace et de cause dont *la Critique de la Raison pure* avait fait l'atmosphère indispensable de toute pensée, dont le mécanisme donnait naissance à ce déterminisme inflexible qui condamnait par avance la tentative de Kant en vue de fonder, sur un plan différent et selon d'autres perspectives, l'impératif de la morale.

Certes, les analyses de Nietzsche n'ont plus en cette matière le caractère agressif qu'on leur voit, lorsqu'il s'agit d'anéantir la croyance métaphysique dans le domaine moral; il ne lui semble pas que l'intérêt de la vie soit ici directement en jeu, il ne lui semble pas qu'il soit ici compromis par la croyance à un *en-soi* idéologique, car il sait que sur la base des vérités logiques, qu'elles soient objectives ou conventionnelles, repose tout l'édifice de la pensée humaine. Mais son entreprise n'en présente au point de vue purement philosophique qu'un intérêt plus grand. Elle offre ce caractère rare, paradoxal au gré de Nietzsche, d'un effort vers la connaissance pure qu'aucun intérêt biologique ne suscite : il semble que l'instinct de connaissance spécule en cette occasion pour son propre compte et qu'il ne soit l'intermédiaire d'aucun autre instinct. Il ne s'agit pas en effet de détruire les notions de temps, d'espace et de cause, ni les catégories qui en dérivent, pour les remplacer par autre chose : elles se montrent trop bons instruments de connaissance pour qu'on songe à les récuser; mais il s'agit de savoir, et de savoir seulement pour le savoir, si, en dehors de leur utilité qui exige qu'on les conserve, elles ont un titre tre différent à l'existence; il s'agit de savoir si, avec ces idées, on atteint un ordre de faits qui existent de toute éternité, qui ne peuvent être autres qu'ils ne sont, qui, par leur nature, diffèrent des autres faits du monde physique, soumis ceux-ci aux conditions d'une lutte perpétuelle et qui ne persistent que dans la mesure où ils résistent aux empiètements des forces extérieures. Il s'agit de savoir si les principes qui gouvernent la pensée sont supérieurs à l'activité qui, par leur moyen, s'exprime dans la pensée, si la vie est ou n'est point créatrice des lois où elle se manifeste comme connaissance d'elle-même, si elle est, ou si elle n'est pas, contrainte et déterminée avec les lois logiques par quelque chose d'extérieur et de supérieur à elle-même, lui imposant une forme unique en dehors de laquelle elle ne pourrait s'exprimer. En posant ces interrogations, en instituant cette recherche, Nietzsche met en question tout un ordre d'idées où la croyance métaphysique exerçait un empire à peu près universel et semblait, à vrai dire, se confondre avec le sens commun. « Toutes les choses qui vivent longtemps, a-t-il remarqué dans *Aurore*, sont peu à peu tellement imbibées de raison que l'origine qu'elles tirent de la déraison devient invraisemblable (1). » Cette remarque s'applique, avec beaucoup de force, aux vérités logiques.

Or, Nietzsche a montré que, pour être si ancienne qu'on ne songe pas le plus souvent à lui demander des titres, la croyance à un *en-soi* logique n'en est pas moins purement gratuite et que les lois mentales et les formes de la connaissance supportent, quant à leur genèse, un ordre d'explications qui les placent sous la dépendance de cette volonté de puissance où il voit la seule réalité que nous atteignions.

Dans *la Fiction universelle*, au cours d'une étude sur *la Nature des Vérités* à propos de la *Culture des Idées* de M. Remy de Gourmont, on montrait dans l'utilité humaine l'unique cause de toute activité, et on distinguait, d'une utilité vitale qui donne naissance au monde moral, une utilité de connaissance qui donne naissance au monde logi-

(1) P. 15.

que. C'est sous cette seconde division, dont ils remplissent le cadre, que se peuvent classer tous les aperçus développés par Nietzsche au troisième livre de son grand ouvrage posthume. Il y traite de la Volonté de puissance en tant que connaissance : « Ici, dit-il comme pour l'idée de bien, de beau, la conception doit être prise sévèrement et étroitement au point de vue anthropocentrique et biologique. Pour qu'une espèce déterminée puisse se conserver et croître dans sa puissance, il faut que sa conception de la réalité embrasse assez de choses calculables et constantes, pour qu'elle soit à même d'édifier sur cette conception un schéma de sa conduite. L'*utilité de la conservation* — et non point un besoin quelconque abstrait et théorique de ne pas être trompé, se place comme motif derrière l'évolution des moyens de la connaissance (1). » Et encore « Il n'y a ni « esprit», ni raison, ni pensée, ni conscience, ni âme, ni volonté, ni vérité : ce ne sont là que des fictions inutilisables. Il ne s'agit pas de sujet et d'objet, mais d'une certaine espèce animale qui ne prospère que sous l'empire d'une justesse relative de ses perceptions et avant tout avec la régularité de celles-ci, en sorte qu'elle

---

(1) *La Volonté de Puissance*, II, p. 20.

est à même de capitaliser des expériences (1). »

Par cette considération, l'instinct de connaissance se voit rattaché de la façon la plus étroite à la Volonté de puissance : il n'en est qu'un moyen. Voici dans toute la force du terme l'intelligence, assujettie au service de la Volonté. L'utilité de connaissance n'est qu'une catégorie et une dépendance de l'utilité vitale. La connaissance est un cas de la biologie. Or, que la connaissance soit utile pour la vie, ceci explique l'invention de tout l'appareil logique et tout d'abord du concept de vérité, nécessaire pour fixer les choses et permettre de les saisir. Mais ainsi que Nietzsche s'empresse de le faire remarquer : « la confiance en la raison et ses catégories, en la dialectique, donc l'évaluation de la logique, démontre seulement l'utilité de celle-ci pour la vie, utilité déjà démontrée par l'expérience et non point sa vérité... Qu'il faut qu'une quantité de *croyance* existe ; qu'il faut que l'on puisse juger, que le doute à l'égard des valeurs essentielles fasse défaut : ce sont les conditions premières de tout ce qui est vivant et de la vie de tout ce qui est vivant. Donc, il est nécessaire que quelque chose soit tenu pour vrai, — mais il n'est nullement nécessaire que cela

---

(1) *La Volonté de Puissance*, II, p. 19.

soit vrai (1). » Et une nécessité de cette nature, de cette nature seulement, s'applique à tous les procédés de connaissance inventés par l'activité pensante. Il est nécessaire pour construire le monde et avoir prise sur lui d'accorder créance aux idées de temps, d'espace, de cause, de matière, aux catégories du nombre et de l'unité, aux distinctions du moi du non moi, du sujet et de l'objet, mais il n'est pas nécessaire qu'une réalité corresponde à ces conceptions. « Les catégories ne sont des vérités qu'en ce sens qu'elles sont pour nous des conditions d'existence : de même que l'espace d'Euclide est pour nous une pareille vérité conditionnée (2). » Il ne s'agit pas de connaître, mais, « d'imposer au chaos assez de régularité et de formes pour satisfaire notre besoin pratique » (3) et, pour expliquer pourquoi, en dehors de l'idée d'une vérité objective, tel procédé intellectuel a été employé plutôt que tout autre, Nietzsche introduit de nouveau son idée maîtresse de la lutte pour la puissance : « la méthode de pensée la plus facile est victorieuse, dit-il, de la plus difficile (4). » Il en serait donc des catégo-

---

(1) *La Volonté de Puissance*, II, p. 18.
(2) *La Volonté de Puissance*, p. 24.
(3) *La Volonté de Puissance*, p. 23.
(4) *La Volonté de Puissance*, II, p. 25.

ries de la raison dont nous faisons usage, comme des conceptions morales auxquelles nous sommes attachés, et leur utilité aurait seule fait prévaloir les unes et les autres. Après beaucoup d'essais et de tâtonnements, les moyens de connaissance, qui sont devenus les nôtres, se seraient révélés les plus propres à nous procurer l'utilité que nous en attendions : les concepts de temps, d'espace, de cause ne seraient donc plus les seuls moyens de connaissance possibles, mais à l'époque des premières tentatives de ce qui est vivant pour connaître, ils se seraient trouvés être les meilleurs à la suite d'une rencontre avec beaucoup d'autres. Ces conceptions ne tireraient donc, comme tout le reste, leur réalité que du fait de suprématie qui les aurait instaurées, elles reconnaîtraient à leur origine, comme tout le reste, ce *certamen* qui fixe à toute réalité son rang. Jusque dans ce domaine du logique, il faudrait que l'idée s'inclinât devant la force, qu'elle reçût, pour avoir droit à l'existence, son investiture, qu'elle n'en fût qu'une émanation.

De tous les moyens de la pensée logique, celui que Nietzsche a analysé avec le plus d'insistance est l'idée de cause. Sitôt d'ailleurs que l'on a dépouillé la foi en l'*a priori* des formes de la pensée, on s'aperçoit que l'idée de cause se traduit de la façon la plus claire par l'idée d'un rapport de puissance à puissance. Notre sentiment d'être cause d'une chose se ramène, de la façon la plus immédiate, au sentiment que nous avons le pouvoir de produire cette chose. Nous concevons que notre puissance l'emporte sur d'autres puissances qui tendraient à produire un autre changement ou sur des forces d'inertie appliquées à maintenir un *statu quo*. Les choses ne se passent pas autrement dans la nature : « Nous ne saurions trouver l'origine d'une transformation, dit Nietzsche, s'il n'y a pas empiètement d'une puissance sur une autre puissance... Lorsque quelque chose arrive de telle ou telle façon et non point autrement, ce n'est pas le fait d'un principe, d'une loi, d'un ordre, mais cela démontre que des quantités de force sont en action dont c'est l'essence même d'exercer la puissance sur d'autres quantités de force (1). »

Ainsi, de la description analytique de la cause, Nietzsche tire immédiatement la conséquence que notre conception de l'idée de loi est également fic-

---

(1) *La Volonté de Puissance*, II, p. 70.

tive et n'a qu'une signification utilitaire. Ce que nous nommons loi, pourrait-on dire en interprétant la pensée de Nietzsche, c'est un rapport de puissance à puissance entre deux forces, rapport où se manifeste un caractère constant de suprématie de l'une sur l'autre. Qu'il existe de ces rapports constants, cela suffit pour que le monde soit calculable, pour que la science soit possible et « si nous, pour notre usage quotidien, dans le calcul nous sommes à même d'exprimer cela en formules et en « loi », tant mieux pour nous (1), » dit Nietzsche ; mais il n'en résulte pas que ces lois aient un caractère de nécessité ou que cette nécessité soit indépendante du fait concret de lutte et de triomphe durable qu'elle traduit. Ainsi, lorsque « la même cause produit le même effet » et fonde ainsi l'apparence d'une « loi permanente des choses », d'un ordre invariable, nous nous trouvons en présence de rapports de cette nature : ce sont de tels rapports que nous touchons dans l'ordre physique, dans l'ordre chimique, dans l'ordre cosmique ; mais là, comme dans le domaine biologique, où le fait est plus visible, nous n'avons jamais à faire qu'à une seule réalité, le désir de devenir plus fort

---

(1) *La Volonté de Puissance*, II, p. 71.

dans chaque centre de force. « Il n'y a pas de loi : chaque puissance tire à chaque instant sa dernière conséquence (1). »

Telles sont les conséquences extrêmes de la théorie de la Volonté de puissance. Nietzsche a poussé ces conséquences jusqu'à une conception d'idéalisme absolu, la même à laquelle on est parvenu, d'une façon et d'un point de départ tout différents, par le développement logique de la notion du Bovarysme, conception que l'on a exprimée au dernier chapitre de *la Fiction universelle* et qui se manifeste aussi dans le titre même de cet ouvrage.

Pour Nietzsche rien n'existe en dehors du fait de l'aspiration à la Puissance. Les apparences où cette aspiration se manifeste, les terrains de lutte où elle s'exerce, sont eux-mêmes des créations et des inventions de cette aspiration. Rien n'existe en soi. « La Vérité, dit-il (et le mot a ici le sens exprès de réalité)... n'est pas quelque chose qui est là et qu'il faut trouver ou découvrir, mais quelque chose qu'il faut créer, qui donne son nom à une opération, mieux encore à la

(1) *La Volonté de Puissance*, II, p. 71.

volonté de remporter une victoire (1). » Il en est ainsi de notre pensée. Toutes les notions au moyen desquelles nous semblons prendre connaissance du monde sont des notions au moyen desquelles la volonté de puissance invente le monde, et ces notions elles-mêmes n'ont de valeur que la force de résistance que leur prête cette volonté.

« On pense : donc il y a quelque chose qui pense ; à cela se réduit, dit Nietzsche, l'argumentation de Descartes. Mais c'est là tenir déjà pour « vraie *a priori* » notre croyance en l'idée de substance (2). » Il n'y a donc pas ici une opération purement logique de l'esprit, mais un artifice métaphysique en vue de faciliter la connaissance, une invention de laquelle va sortir la distinction du moi et du monde extérieur, de l'objet et du sujet. « Si, ajoute Nietzsche, l'on réduit la proposition à ceci : « On pense, donc il y a des pensées, » il en résulte une simple tautologie et, ce qui entre justement en question, *la réalité de la pensée*, n'est pas touché, de sorte que sous cette forme on est forcé de reconnaître *l'apparence* de la pensée (3). »

Descartes voulait que la pensée eût une réalité en

---

(1) *La Volonté de Puissance*, II, p. 35.
(2) *La Volonté de Puissance*, II, p. 7.
(3) *La Volonté de Puissance*, II, p. 7.

soi. Nietzsche s'en tient à un pur et absolu phénoménalisme. En refusant toute valeur au syllogisme cartésien, il tire brusquement l'échelle par laquelle il était possible de s'élever jusqu'à l'être des choses. Dès lors nous n'avons aucune raison de croire que les axiomes logiques soient adéquats à la réalité, et il nous faut penser qu'ils ne sont rien de plus que « des mesures et des moyens pour créer notre usage les choses réelles, le concept réalité (1). » Ils ne fournissent pas « un *criterium* de vérité, mais un *impératif* au sujet de ce qui *doit* passer pour vrai (2). » Un tel impératif est conventionnel et, de fait, la logique (comme la géométrie et l'arithmétique) ne s'applique qu'à des êtres figurés que nous avons créés. En sorte qu'il en faut toujours revenir à cette conception : ce que nous nommons un fait de vérité est un fait de puissance. « Comment pouvons-nous savoir, demande Nietzsche, *qu'il y a des choses ?* C'est nous qui avons créé l'existence des choses. Il s'agit de savoir s'il ne pourrait pas exister encore beaucoup de façons de créer un pareil monde apparence ? — et si cette façon de créer, de logiciser, d'apprêter, de falsifier, n'est pas la réalité elle-même, la mieux

(1) *La Volonté de Puissance*, II, p. 21.
(2) *La Volonté de Puissance*, II, p. 21.

garantie; bref, si ce qui assigne aux choses leur place n'est pas ce qui seul *est* et si l'effet que produit sur nous le monde extérieur n'est pas le résultat de pareils sujets voulants (1) ». Et il conclut que le sujet seul est démontrable, que l'objet est un mode du sujet.

Cette conclusion toutefois ne tient pas longtemps devant les nouvelles analyses qu'il institue. Le concept du sujet n'existe en effet que dans sa relation avec l'objet; l'objet supprimé comme chose en soi, le sujet perd également cet attribut et se montre, ainsi que tout le reste, un simple moyen de connaissance. L'idéalisme de Nietzsche n'est donc point subjectif, c'est un pur idéalisme du phénomène. Entre les phénomènes, il ne fait intervenir aucun autre lien que celui d'un rapport de puissance : c'est la philosophie du fait de puissance et le terme *Volonté de puissance* dont il use est déjà un grossissement de sa pensée, une forme mythologique. Derrière l'action du fait de puissance, il ne saisit aucun sujet, aucune substance matérielle ou spirituelle, aucun être, aucune idée, aucune loi. Pas plus que l'idée morale, pas plus que l'idée du beau, les formes logiques de la pensée ne dominent

---

(1) *La Volonté de Puissance*, II, p. 27.

et ne circonscrivent le fait de puissance : elles n'en sont qu'une manifestation particulière, et c'est ainsi qu'analysant les modes d'évaluation au moyen desquels nous avons coutume de saisir cette idée même de la force, il ne voit dans la mécanique qu'une sémiotique du mouvement, dans le déterminisme qu'un moyen d'interpréter et non un état de fait.

Il est à peine besoin d'énoncer que la négation de l'idée de cause entraîne la négation de l'idée de finalité. La finalité, ou plutôt son apparence, n'est elle aussi qu'une conséquence du fait de puissance. « Le fait de devenir plus fort, dit Nietzsche, entraîne avec lui des conséquences qui ressemblent à une ébauche de finalité ; les fins apparentes ne sont pas intentionnelles, mais dès qu'il y a prépondérance sur une puissance plus faible, en sorte que celle-ci travaille comme fonction de la puissance plus forte, il s'établit une hiérarchie, une organisation qui éveille forcément l'idée d'un ordre où la fin et les moyens jouent le principal rôle (1). »

L'idée de finalité, indissolublement unie à l'idée

---

(1) *La Volonté de Puissance*, II, p. 37.

de vérité, tient avec celle-ci le rôle le plus important dans la construction idéologique de l'univers. C'est cette idée qui, transportée du terrain empirique, où Nietzsche explique sa formation dans le domaine métaphysique, impose avec un but une certitude au devenir. C'est elle qui supprime, en lui retirant son caractère aléatoire, en la réduisant à un jeu d'histrions, aux péripéties et au dénouement réglés par avance, cette lutte entre toutes les choses où se manifeste le désir de devenir plus fort dans chaque centre de force, désir qui est, au regard de Nietzsche, la seule réalité. Cette liberté rendue au devenir, cet attrait de l'aléa rendu à la vie, c'est là l'œuvre essentielle de Nietzsche : c'est en cette libération de la vie, asservie, dans l'esprit des hommes, au joug de l'idée, au joug de la Raison, que réside l'originalité de sa réforme. C'est l'accomplissement de cette tâche que célèbrent ces strophes de Zarathoustra, plus intelligibles dans leur lyrisme que toute analyse : « Sur toutes choses se trouve le ciel hasard, le ciel innocence, le ciel à peu près, le ciel pétulance. — Par hasard, c'est la plus vieille noblesse du monde, je l'ai rendue à toutes les choses, je les ai délivrées de la servitude du but (1). » Donc l'univers n'a point de but, au

---

(1) *Ainsi parlait Zarathoustra*, p. 238.

sens où un principe métaphysique assignerait à tous les éléments qui le composent une convergence nécessaire en vue de réaliser un ensemble systématique. Si ce but existait, il faut penser avec Nietzsche qu'il serait depuis longtemps réalisé : il serait inconcevable qu'il laissât place aux jeux aberrants du devenir. Anarchique et chaotique en son essence, l'univers ne se voit imposer des buts que du fait d'un centre de forces exerçant une suprématie sur d'autres centres de force et leur imposant une tâche à son service. C'est ainsi que les notions de temps, d'espace, de cause, ayant triomphé, dans la lutte pour la constitution de la pensée, des autres modes de connaissance possibles, conditionnent, au-dessous d'eux, toute une suite de déductions et nous donnent l'illusion d'un rationalisme universel dans le domaine logique. Cette systématisation ne serait, au regard de Nietzsche, que la consécration du triomphe durable qui fit régner, à la suite d'une lutte aléatoire, les notions majeures que l'on vient d'énumérer.

En laissant entendre que dans l'ordre logique ainsi que dans tous les autres, il n'existe pas un *en-*

soi idéologique antérieur au fait de suprématie qui décide des formes du réel, Nietzsche, a-t-on dit, a poussé à son point extrême sa lutte contre l'idéologie. Or, il faut noter cette double et singulière particularité : La croyance à la Vérité logique est, en même temps, de toutes les formes métaphysiques de la croyance, la plus enracinée dans l'esprit humain, c'est celle aussi pourtant à l'égard de laquelle la critique peut le plus librement s'exercer; elle ne soulève dans ce domaine, ni indignation, ni protestation. C'est, semble-t-il, d'une part, que la croyance s'applique ici, à des procédés de connaissance, notions de cause, de temps, d'espace, qui ont prévalu à une époque bien antérieure à celle où apparurent des organismes aussi compliqués que les nôtres, à des procédés de connaissance élus par la matière vivante à ses premiers stades. Enregistrés dans la physiologie bien au-dessous des régions de la conscience, ils n'offrent point de prise aux manœuvres de la pensée analytique. D'autre part, il serait impossible de renoncer à ces procédés, devenus des notions instinctives, sans ébranler et sans anéantir tout l'édifice phénoménal, tel que nous le connaissons, sans remettre les choses au creuset du hasard et du chaos. A cause de cela même, et parce qu'il est entendu que l'existence de ces notions ne peut être mise en question, les analyses qui tendent à les dépouiller du caractère de vérité pour fonder leur valeur sur leur utilité, sur la puissance qu'elles procurent à l'espèce d'êtres qui les adopte, ces analyses ne suscitent pas de graves objections, car leur utilité, universellement reconnue, aussi bien que leur vérité, garantit leur conservation.

Il est d'ailleurs peu d'esprits pour qui des conceptions de cet ordre touchent au domaine de la sensibilité. A imaginer que les propositions géométriques, par exemple, nécessitées par notre conception de l'espace, tirent leur autorité, non point de la nature immuable des choses, mais d'une convention qui triompha dans l'ordre de la vie mentale, c'est-à-dire dans l'ordre de la biologie se manifestant comme connaissance, à imaginer que la somme des angles d'un triangle pourrait n'égaler point deux droits si un fait analogue à la victoire de Charles Martel dans les plaines de Tolbiac n'eût marqué les fastes de la préhistoire du monde mental, il est peu d'intelligences qui s'émeuvent. Il en est tout autrement des idées morales, et cela, pour des raisons de même ordre aux prises avec des circonstances opposées : leur apparition dans l'esprit humain est, en effet, par rapport à l'époque où les autres se formèrent dans la matière vivante, d'une extrême récence ; elles ne se soutiennent pas par leur propre force, elles n'ont pas acquis cette constance et cette solidité que la durée confère aux choses, aussi faut-il que des interventions se produisent en leur faveur : la passion fanatique que l'on affiche à leur égard couvre, dissimule et s'efforce de suppléer une croyance sans atavisme physiologique, très faible en réalité et dont la volonté fait encore tous les frais. On a beaucoup de peine à douter d'une vérité logique, on a plus de peine encore à croire à une vérité morale et tout l'effort de l'éducation familiale, civique et religieuse ne réussit pas toujours à enraciner dans l'esprit des hommes cette forme tardive de la croyance. Il faut autour d'elles constamment, comme un engrais, la chaleur de la passion.

D'autre part, et en raison de leur récence, les conceptions morales en sont encore à lutter entre elles pour prévaloir. En tant qu'elles se targuent seulement d'un caractère d'utilité, elles rencontrent en face d'elles d'autres conceptions morales qui se targuent également du même caractère. Il leur faut en venir aux mains, aucune d'elles n'ayant encore fait ses preuves, comme les a faites l'idée d'espace par exemple en tant que moyen de connaissance. Il est donc de la dernière importance pour chacune des conceptions adverses de s'emparer de ce masque de Vérité qui appartiendra à la plus forte et lui donnera sur ses rivales un avantage important. Il en est en effet de cette estampille de la Vérité en soi, appliquée sur une croyance, comme des décorations que l'on attache au revers des redingotes : elles n'ajoutent rien à la gloire d'un grand homme, mais sont utiles aux débutants et rehaussent dans l'esprit de la multitude leur prestige personnel ou la valeur de leurs œuvres.

Il résulte de ces distinctions que Nietzsche n'a eu à s'élever que d'un point de vue théorique contre les prétentions de la métaphysique dans le domaine des vérités logiques. Il n'existe aucun désaccord pratique entre les hommes à l'égard des notions de cet ordre et quelque origine qu'ils leur assignent, ils en font tous un identique usage. Il en est tout autrement dans le domaine des vérités morales, et, si celles-ci comptent, avec Platon ou avec Kant, des protagonistes qui les ont défendues avec des arguments théoriques, elles se sont exprimées aussi par des conséquences sociales : la tentative de faire régner, dans l'esprit humain, la croyance en un principe moral qui fût supérieur à la force s'est traduite par des phénomènes historiques de la plus haute importance. C'est donc, sur ce terrain de l'histoire et de la sociologie, qu'il faut maintenant relever les analyses et les observations de Nietzsche pour faire éclater le caractère de rigoureuse unité selon lequel sa pensée s'est développée dans son œuvre.

VII

Le mouvement social où Nietzsche a fait voir avec le plus de netteté cette tentative est le judaïsme. Ce mouvement tire son importance de l'influence profonde qu'il a exercée sur l'Europe et du lien étroit qui l'unit, au regard de Nietzsche, aux deux autres phénomènes, le mouvement chrétien et le mouvement révolutionnaire, avec lesquels l'entreprise idéologique a abouti à un premier renversement des valeurs.

L'effort paradoxal en vue d'inventer un principe supérieur à la force est avec le peuple juif si caractéristique, il a donné des résultats si considérables que Nietzsche est partagé continuellement, lorsqu'il l'envisage, entre l'horreur et l'admiration. « Les juifs, dit-il, peuple né pour l'esclavage, » comme l'affirmait Tacite avec tout le monde antique, « peuple choisi parmi les peuples », comme ils l'affirment et le croient eux-mêmes, — les juifs ont réalisé cette merveille du renversement des valeurs, grâce à laquelle la vie sur la terre, pour quelques milliers d'années, a pris un attrait nouveau et dangereux (1) » et il voit en eux « le peuple le plus remarquable de l'histoire universelle parce que, placés devant la question de l'être ou du non-être, ils ont préféré avec une clairvoyance inquiétante l'être à tout prix (2) ».

Qu'ont donc fait les Juifs qui leur vaille l'attention passionnée que leur accorde Nietzsche? Ceci : vaincus politiquement, réduits en esclavage, s'étant montrés inférieurs au jeu dont les règles décidaient jusque-là de la suprématie entre nations, ils ont condamné délibérément les règles de ce jeu, ils ont déclaré mauvais tout ce qui procure l'avantage dans la lutte engagée avec les armes de la force, bon tout ce qui est dans une pareille lutte condition de faiblesse, cause de défaite et d'humiliation. Ils ont ainsi identifié les termes riche et puissant avec les termes impie, méchant, violent, sensuel ; le mot pauvre est devenu pour eux synonyme de saint,

---

(1) *Par delà le Bien et le Mal*, p. 160.
(2) *L'Antéchrist*, dans *le Crépuscule des Idoles*. Ed. du Mercure de France, p. 272.

d'ami. Ils se sont fait ainsi un titre de leur défaite, une gloire de leur humiliation et, flétrissant tout ce qui l'emporte par un don naturel, beauté, valeur, intelligence, ou par une circonstance fortuite, naissance, richesse, « ils ont frappé pour la première fois le mot monde à l'effigie de la honte (1) ».

A défaut de pouvoir fonder sur une réalité positive une semblable estimation, ils l'ont fondée sur l'imaginaire, sur cette base élastique où le désir, fortifié par la crédulité, prend un élan incalculable. C'est Dieu, le Dieu juif qui sanctionne la bonté de la nouvelle évaluation. C'est Dieu qui exalte les humbles et ravale les superbes et Nietzsche montre ici l'intervention du prêtre qui, disposant du Dieu, accomplit l'universelle falsification par laquelle triomphera l'estimation judaïque. Comme aucun des faits du monde réel ne s'accorde avec l'évaluation divine, il faut inventer des causes imaginaires expliquant le désaccord apparent et le faisant cesser. On invente la faute. Le monde, dira Nietzsche, perd son innocence. Le malheur est déshonoré sous le nom de péché. La déchéance du peuple juif, résultat de la faiblesse dans le langage de la physique, devient la conséquence et la punition d'une faute, un châtiment infligé par Jéovah.

(1) *Par delà le Bien et le Mal*, p. 160.

Encore un tel châtiment est-il une marque de la faveur divine. Dieu, par l'expiation, permet à son peuple de se racheter et de mériter un meilleur destin. Bienheureux ceux qui sont éprouvés, car ils posséderont le royaume de Dieu. Donc, nécessité d'expier, d'obéir au prêtre qui détient le secret divin et propose les termes du pardon. L'expiation devient le gage de la puissance future, de la revanche sur le monde.

Mais déjà il nous faut quitter le Judaïsme. Avec le Judaïsme le peuple juif, vaincu dans la lutte pour la puissance, a inventé à son usage un moyen de démarquer la réalité. Ce moyen ne va prendre toute son ampleur et ne tirera toutes ses conséquences que généralisé, universalisé dans le Christianisme. C'est avec le Christianisme que l'attitude d'utilité, propre à un petit peuple vaincu, deviendra une attitude d'utilité pour tous les vaincus et tous les faibles et une arme de vengeance entre leurs mains. Avec le peuple juif, dit Nietzsche, « commence l'insurrection des esclaves dans la morale », c'est seulement avec le Christianisme que cette insurrection de la faiblesse contre la force va devenir une menace pour les valeurs anciennes.

Le mépris de la puissance, de la richesse, de la beauté, n'est, en effet, chez le peuple juif, qu'une attitude provisoire et qu'il faut comprendre au sens historique le plus concret. Ce que hait le peuple juif dans ces attributs de la force, c'est qu'ils appartiennent à ses vainqueurs : c'est pour ce motif qu'ils sont, à ses yeux, le signalement de l'impie et du méchant; chez lui persistent cette arrière-pensée et cet espoir que ces marques de la puissance, enlevées quelque jour au méchant, deviendront son apanage. Alors, elles recouvreront un caractère de bonté, étant désormais la possession de l'homme bon qu'est l'homme de race juive, l'élu du Seigneur. Mais cet espoir longuement nourri ne se réalise pas, le fort continue d'être le fort et de dominer le faible. Le royaume de Dieu n'aboutit pas sur terre. C'est alors que tout se transforme avec le Christianisme, que le texte réaliste fourni jusqu'ici par l'instinct juif est interprété dans un sens symbolique et que l'Église chrétienne édifie une conception du monde où tout devient cohérent parce que tout élément réel en est rigoureusement exclu, parce que la cause imaginaire, que l'on a placée au principe de toutes choses, ne va plus se manifester que par des effets et des conséquences imaginaires, en sorte qu'aucune réalité ne la pourra mettre en échec. Avec le christianisme, les valeurs nobles, puissance, fierté, instinct de domination, supériorité physique ou intellectuelle, de mauvaises provisoirement et par circonstance qu'elles étaient au regard juif deviennent mauvaises en soi. Tout ce qui est objet de désir dans le monde, le désir lui-même, le monde lui-même, symbolisant l'ensemble du déterminisme physique, sont marqués d'un caractère définitif de réprobation. Aussi n'est-ce plus dans ce monde, qui est le mal, que se réalisera le royaume de Dieu, c'est dans l'au-delà, dans l'autre monde, en un monde de même nature que la cause insaisissable qui met en mouvement tout le système. C'est dans cet autre monde que doivent s'accomplir désormais les promesses divines faites à celui qui vit saintement, qui renonce à la lutte pour la satisfaction du désir, qui est doux et humble de cœur.

Il n'y a place ici que pour la fiction : le rêve s'enchaîne au rêve et ne connaît point les démentis du réveil. « Dans le christianisme, dit Nietzsche, ni la morale, ni la religion ne sont en contact avec la réalité. Rien que des causes imaginaires, « Dieu », « âme », « moi », « esprit », « libre arbitre » ou même « l'arbitre qui n'est pas libre »; rien que des effets imaginaires : « le péché », « le salut », « la grâce », « l'expiation », « le pardon des péchés (1) ».

(1) *L'Antéchrist*, dans *le Crépuscule des Idoles*, p. 258.

Tous les moyens d'imposture, dont le schéma fut donné par l'instinct juif, atteignent avec le christianisme leur perfection, non avec le christianisme tel que l'imaginèrent par la suite, tout empreint de bouddhisme et transformé par le génie d'une race différente, le détachement de l'auteur de l'*Imitation*, ou, de nos jours, le mysticisme d'un Tolstoï, — ce sont là des épi-phénomènes, — mais avec le christianisme de saint Paul, avec celui des docteurs et des pères de l'Église qui, faisant appel à l'idéologie platonicienne, enrichissent la doctrine nouvelle des éléments de décadence élaborés par l'ancien monde lui-même. Dieu, la vie future, l'âme immortelle, sont autant de moyens de mettre dans leur tort les lois physiques, de perpétrer sur toutes les valeurs naturelles un travail minutieux de falsification. Le christianisme, tel que Nietzsche nous le dépeint, apparaît exactement ainsi qu'un gigantesque effort en vue de concevoir le monde autrement qu'il n'est, en vue de substituer le métaphysique au physique.

Bien loin d'être l'antagoniste du judaïsme, le christianisme s'en montre donc l'aboutissement extrême. Il a fallu, pour que le judaïsme portât ses conséquences, que le désir de vengeance, dont il était l'expression, se couvrît du masque du renoncement chrétien, il a fallu que les espoirs terrestres qu'il nourrissait fussent idéalisés, transportés dans l'au-delà et que fût donné, comme une attitude définitive, ce mépris de la puissance qui n'était pour lui qu'un moyen. C'est au prix seulement de cette transposition qu'il put échapper aux démentis de la réalité et que la multitude des déshérités et des faibles put, avec confiance, se grouper à l'appel d'une promesse qu'aucune expérience humaine ne pouvait montrer vaine. Appuyée sur la corde de l'arc judaïque, la flèche chrétienne atteint le but visé par l'instinct de ressentiment qui est ici en jeu, elle blesse au cœur la culture païenne et donne gain de cause à l'insurrection. Avec le christianisme, le peuple juif épand sur le monde une conception dont son impuissance à vivre politiquement et à conserver son autonomie avait fait pour lui une attitude d'utilité. Il lui avait fallu, pour ne point se départir de son orgueil dans la défaite, tenir pour méprisables les qualités par lesquelles ses adversaires l'avaient réduit. Le christianisme, en universalisant cette conception, imposa au vainqueur la morale du vaincu, il lui fit honte des vertus qui l'avaient rendu maître. Ainsi il l'affaiblit et permit qu'on en triomphât. C'est sous ce jour que l'interversion des valeurs opérée par le peuple juif montre avec le christianisme sa portée, et fait voir quelles métamorphoses imprévues, quels changements considérables et déconcertants peut causer, dans la masse d'un organisme, la virulence d'un ferment presque invisible et dont l'action reçoit du milieu même où elle s'exerce une amplification soudaine et une destination nouvelle.

Toutefois, le christianisme lui-même n'est, dans la pensée de Nietzsche, qu'une étape de cette insurrection des esclaves dont le peuple juif a le premier levé l'étendard, une étape et un détour. Après qu'il a rallié dans le monde entier l'immense troupeau des faibles et qu'en les unissant il les a rendus forts, après qu'il a pénétré de son esprit jusqu'à la caste des maîtres et qu'il l'a affaiblie, le christianisme a joué son rôle, du moins a-t-il accompli sa phase de religion positive, du moins peut-il rejeter tout l'élément merveilleux dont il s'est aidé jusque-là pour triompher. La conception anti-physique qui a grandi parmi les perspectives de l'au-delà, à l'abri de tout contact de la réalité, a pris maintenant assez de force pour braver l'expérience et pour nier l'évidence qui la condamne. Les valeurs opposées naguère à la force sous le couvert de la volonté divine, venues à maturité à la faveur des mythes chrétiens, se montrent viables désormais, détachées des croyances qui les avaient protégées naguère ; sous les noms Egalité, Justice, Vérité, Droit, Bien en soi, elles en viennent à se donner pour des entités pourvues d'une réalité propre. L'idéologie platonicienne refleurit, vulgarisée dans la conscience populaire, et c'est le triomphe de la métaphysique, crue sur parole et sans caution divine.

On croit à la justice immanente, à une vertu secrète de l'idée gageant sur un avenir humain sa réalisation, grosse du bonheur universel. L'Idée mène l'humanité et lui impose une finalité stricte : la croyance au bonheur comme but et comme certitude, à la suite d'un long combat pour la vérité et la justice, cette conception, longtemps couvée par l'espoir religieux en vue d'une éclosion dans l'au-delà, est entrée maintenant dans une phase de réalisation pratique ; elle fait partie du programme politique. Et c'est là le dernier avatar de l'instinct de ressentiment qui, ayant formulé avec le judaïsme ses pétitions temporelles, ayant, avec le christianisme, transporté dans l'au-delà ses espoirs, par une nouvelle inversion du désir, revient, fortifié et amplifié, à son premier objectif et démasque, avec l'Idéal révolutionnaire, avec la métaphysique des droits égaux, une volonté de puissance immédiate.

Les doctrines encyclopédiques sont, au regard de Nietzsche, l'expression philosophique de ce mouvement qui tire ses conséquences pratiques avec la Révolution française et s'élève au symbole en cette nuit du quatre août au cours de laquelle les anciens maîtres abjurent leur foi en leur supériorité. « Le mouvement démocratique, dit-il expressément, continue l'héritage du mouvement, chrétien (1). » Or, le grand ressort de ce mouvement, c'est l'idée d'égalité. Aussi, le philosophe s'est-il attaché à montrer que cette idée, si évidemment absurde au regard de toute évaluation positive, n'avait pu germer et s'enraciner que dans le sol chrétien. Tandis que l'observation la plus superficielle montre les hommes inégaux entre eux à des degrés parfois extrêmes et d'une façon irréparable, soit qu'il s'agisse des circonstances dans lesquelles la destinée les a fait naître, soit qu'il s'agisse des qualités individuelles, acuité ou précision des sens, pénétration, vivacité de l'intelligence, vigueur de la mémoire, santé, force du muscle, tandis que ces inégalités en engendrent d'autres avec nécessité dans tout le cours de l'existence, où découvrir une mesure qui montre les hommes égaux et impose à l'esprit cette croyance en

---

(1) *Par delà le Bien et le Mal*, p. 172.

désaccord avec toute expérience ? Dans l'arsenal des fictions chrétiennes, avec l'âme invisible, intangible, immatérielle, qui échappe à la possibilité de toute évaluation, avec l'âme immortelle qui entre en rapport avec ce qui seul importe, l'autre monde, le royaume de Dieu, la Vie éternelle. Le christianisme proclame donc l'égalité des âmes et, à la faveur de ce dogme, à vrai dire irréfutable, s'est développée l'idée que tout homme, par le fait seul qu'il est homme, porte en lui un principe d'un prix inestimable, auprès duquel toutes les qualités apparentes, et par lesquelles un homme semble différent des autres, sont sans valeur.

Une présomption de cette nature a développé chez le chrétien une exaltation extraordinaire du sentiment de sa dignité. Or, cette exaltation, obtenue par l'usage d'une fiction, a survécu à la fiction qui l'avait engendrée. Comme l'échafaudage qui a servi à édifier une maison peut être retiré, la maison achevée, les idées d'âme et d'au-delà peuvent être désormais retirées de la conscience de l'homme moderne, celui-ci n'en conserve pas moins la foi en une valeur propre, inhérente au fait de son humanité et indépendante de toutes les qualités positives qu'il peut avoir ou qui lui font défaut. Cette conception de la valeur, indépendante de toute manifestation positive, aboutit à la conception d'un droit indépendant de la force qui le garantit, et l'égalité des âmes imaginée par le christianisme engendre politiquement l'idée d'égalité des hommes. « Volonté d'égalité, c'est ainsi que nous nommerons dorénavant la vertu, et nous voulons élever nos cris contre tout ce qui est puissant (1). » En ces termes les Tarentules formulent leur idéal dans Zarathoustra. Une fois de plus les lois physiques sont enfreintes et violées au profit de la fiction, et, avec le triomphe des idées modernes, l'entreprise idéologique en vue de faire régner un principe au-dessus de la force reçoit une application positive.

Tels sont, avec l'idéologie platonicienne dans l'ordre abstrait et théorique, avec le mouvement judéo-chrétien dans l'ordre concret et pratique, les divers phénomènes où Nietzsche a démasqué, avec une inlassable insistance, les tentatives en vue de créer des valeurs supérieures à la force et de substituer une finalité métaphysique, dominant l'évolution, à l'aléa de la lutte pour la puissance.

(1) *Ainsi parlait Zarathoustra*, p. 139.

Ces tentatives, à vrai dire, et de l'aveu de Nietzsche, ont réussi, et ce triomphe semblerait être pour infirmer sa proposition maîtresse, « il n'est point de force au-dessus de la force » si ses analyses n'avaient eu précisément pour effet de démontrer que ce qui triomphe, par la voie du christianisme et sous l'invocation des Idées, avec l'idéal égalitaire, c'est un nouvel état de la force pour lequel la faiblesse n'est qu'un manteau. Il a nettement vu et montré que ce qui milite, dans le multiple effort des débiles et des vaincus pour ravaler les vertus qui, jusque-là, avaient procuré la puissance, c'est encore l'instinct de puissance. L'idéal platonicien, l'idéal chrétien, l'idéal égalitaire, dépourvus en eux-mêmes de toute réalité, mais prenant, dans l'imaginaire, un point d'appui sur la croyance, ont été de merveilleux signes de ralliement. Sous ces étendards, des multitudes se sont groupées : ceux qui les composèrent représentaient la faiblesse vis-à-vis des maîtres du monde tant qu'ils étaient isolés, mais ils furent en réalité la force sitôt qu'ils furent coalisés et, s'ils continuèrent à célébrer les termes impuissants qui les avaient assemblés, ce fut pourtant la force, la force sous son aspect numérique, qui triompha avec eux. L'effort humain en vue d'inventer une valeur supérieure à la force se résume

donc, en définitive, en un déguisement de la force
sous des apparences de nom contraire. L'œuvre de
Nietzsche atteint entièrement le but qu'elle s'est
fixé. Elle fait voir qu'il n'est pas de force au-dessus
de la force et que là où, avec le monde moral, un
principe différent semble triompher, on ne découvre à l'analyse qu'un état masqué de la force.

LE PARTI PRIS SOCIOLOGIQUE

LE PARTI PRIS SOCIOLOGIQUE

I. Les conclusions de la réforme philosophique excluent la possibilité de donner une origine logique aux tendances sociales de Nietzsche. Nécessité de les fonder sur un parti pris. Le critérium biologique, *ce qui est utile à la vie*, substitué au critérium d'une vérité en soi, est lui-même commandé par un parti pris. Il exige par surcroît, pour être appliqué, que d'autres partis pris le définissent — II. Description des formes diverses du parti pris sociologique de Nietzsche. Son instinct de grandeur en opposition avec l'instinct de bien-être. Son goût pour la culture et pour les modalités aristocratiques. — III. Analyse du fait aristocratique : moyen de différenciation et de hiérarchie, il conditionne toute vie ascendante — IV. Condamnation, du point de vue de l'instinct de grandeur, de l'idéal chrétien et égalitaire. — V. Caractère positif de la philosophie de Nietzsche. Sa volonté de supprimer les causes du nihilisme. — VI. Présomption en faveur du parti pris de Nietzsche.

I

On a exposé au chapitre précédent en quoi consiste la réforme accomplie par Nietzsche en philosophie. Elle équivaut, a-t-on dit, à une condamnation du principe même sur lequel se fonda jusqu'à ce jour la spéculation philosophique. Toute entreprise de cette nature supposait, en effet, qu'au-dessus du monde des forces physiques un principe différent et supérieur existait, principe métaphysique, Dieu ou les Idées. La tâche des philosophes consistait à découvrir et à déterminer la nature de ce principe. A cette croyance se rattachaient les conceptions de finalité, de vérité, d'être en soi : l'ensemble des forces physiques était placé sous la dépendance de ces principes métaphysiques, les idées menaient le monde. Nietzsche a nié qu'il existât une force au-dessus de la force et que le monde du devenir aboutît à un monde de l'être : à cette conception d'un monde aimanté vers une fin par une loi d'essence différente, il a opposé celle d'un monde où les éléments en jeu dégagent à tout instant toute leur puissance, dont la destinée est constamment mise en question par ce conflit, où la loi du plus fort n'est contrebalancée par aucune loi d'origine différente. Toutes les choses visent à la puissance et rien ne prévaut contre la force. La Volonté de vérité n'est qu'une feinte de la Volonté de puissance, quelque cheval de Troie, quelque ruse pour prévaloir.

A considérer tout ce qu'elle détruit, la critique exercée par Nietzsche à l'égard des idées philosophiques constitue plus peut-être qu'une réforme. Si en effet la philosophie se propose pour unique objet de justifier et d'expliquer la vie par un principe saisi hors de la vie, Nietzsche, en niant la réalité de cet objet, en supprimant l'objet de la philosophie, a supprimé la philosophie elle-même. C'est donc, en quelque sorte, le suicide de la philosophie que consacre la réforme accomplie par la critique nietzschéenne : avec Nietzsche, la philosophie se supprime par ses propres moyens, elle meurt de la main d'un philosophe. Cela est si vrai que Nietzsche dut inventer pour le mot philosophe, afin de le conserver, un nouveau sens : il fit du philosophe *le créateur de valeurs*, l'homme qui apporte dans la vie un goût nouveau avec le pouvoir de le faire triompher.

Ce philosophe nouveau, Nietzsche a voulu l'être aussi et cètte volonté se manifeste dans la condamnation qu'il prononce contre les différentes formes du mouvement idéologique, idées socratiques formulées par Platon, morale judéo-chrétienne, idéal égalitaire et démocratique.

Or, il importe de constater que cette seconde attitude n'est pas conditionnée nécessairement par la première. Il faut nettement établir qu'il y a deux parts distinctes dans l'œuvre de Nietzsche et qui comportent un pouvoir de persuasion inégal; il faut montrer qu'il n'y a pas entre ces deux parts un lien logique et nécessaire et qu'elles ne sont pas solidaires l'une de l'autre. Cette constatation est nécessaire pour conserver à chacune sa valeur propre et ne point amoindrir l'une ou l'autre par un compromis : c'est d'ailleurs encore une façon de définir ce qu'est la Réforme philosophique que de préciser où elle finit et ce qu'elle n'est pas.

La première part de l'œuvre de Nietzsche consiste en cette Réforme philosophique dont on a exposé les termes au chapitre précédent. Elle s'exprime en une critique de la connaissance beaucoup plus radicale que ne fut celle de Kant, mais d'ordre analogue. C'est elle qui ruine, en prononçant la déchéance de l'idée de Vérité, le principe de toute métaphysique. Elle est de nature purement intellectuelle, et, sur le plan du déterminisme, qui est à la base de tout notre système de connaissance actuel, elle possède une valeur universelle. Or, elle ne comporte aucune proposition permettant, d'un point de vue logique, et par voie de déduction de condamner les réalités physiologiques et sociales parfaitement positives et déterminées qui se couvrent du mensonge idéologique en général et du mensonge chrétien en particulier. L'essentiel de la Réforme philosophique consiste en effet à démontrer que l'idée d'une vérité en soi n'a pas d'existence : elle fait voir ensuite que la croyance idéologique, en donnant les diverses manifestations où elle s'exprime, comme adéquates à l'idée d'une telle vérité, repose sur un mensonge. Mais en détruisant, au terme et à l'apogée de ses analyses, la conception du vrai en soi, Nietzsche s'est privé du droit de condamner n'importe quelle conception du fait de son caractère mensonger. Car, s'il n'y a pas de vérité, il n'y a pas de mensonge, du moins au sens péjoratif du terme, en sorte que démontrer d'une conception quelconque qu'elle implique mensonge ne fournit plus aucun grief contre elle. Il n'est pas d'exception à faire valoir en cette matière, et il n'y a pas de raison pour que le mensonge philosophique, le mensonge chrétien, le mensonge égalitaire et démocratique, ne bénéficient pas de la réhabilitation que prononce, en faveur de tout mensonge, la dépréciation de l'idée de Vérité. La critique intégrale impliquée dans la Réforme philosophique a épuisé, contre les réalités cachées sous les idées, tout son pouvoir après qu'elle les a dépouillées du prestige de Vérité dont elles se rehaussaient et qu'elle a discrédité le signe du tabou qui les rendait intangibles.

Il y a plus, et il faut dire que si la critique nietzschéenne contenait un principe logique permettant de condamner une manifestation quelconque de la vie, elle prononcerait sa propre condamnation, car elle confesserait par là même qu'elle implique cette vérité rationnelle dont c'est son œuvre propre d'avoir nié la possibilité ; elle rendrait illégitimes ces louanges de Zarathoustra : « O ciel au-dessus de moi, ciel pur et haut. Ceci est maintenant pour moi ta pureté, qu'il n'existe pas d'éternelle araignée et de toile d'araignée de la raison ; — que tu sois un lieu de danse pour les hasards divins, que tu sois une table divine pour le jeu de dés et les joueurs divins (1). » Mais Nietzsche ne dément point Zarathoustra et il relève dans *la Volonté de Puissance* qu'il n'existe pas autre chose au monde que des réalités fortes et des réalités faibles.

Si Nietzsche exalte la culture grecque, la conception aristocratique du monde et la morale des maîtres, s'il condamne les idées socratiques, le Christianisme et la Révolution, ce n'est donc en vertu d'aucun principe rationnel, c'est, on ne saurait

(1) *Ainsi parlait Zarathoustra*, p. 238.

trop y insister, dans l'intérêt de sa thèse sociologique aussi bien que de sa réforme critique, c'est en vertu d'un parti pris, d'une préférence de tempérament. C'est la réalité de ce parti pris qui fonde toute la valeur de sa doctrine, car les constructions d'idées les plus compliquées, les dissertations les plus savantes ne sont possibles, aux termes mêmes de sa critique, n'aboutissent à un oui et à un non qu'autant qu'elles ont à leur base un goût qui ne relève d'aucun pourquoi et dit sans plus : « Je suis cela. » Il n'y a dans le monde que des goûts et des partis pris en lutte les uns avec les autres et tout le reste est déguisement de ces goûts et de ces partis pris. Ce sont là les conclusions essentielles de la doctrine de Nietzsche : il en faudrait maintenir le radicalisme et l'intransigeance contre lui-même s'il semblait en quelque proposition s'en écarter; il faudrait du moins interpréter cette proposition secondaire de façon à la faire concorder avec cette pensée maîtresse. Toute autre interprétation serait une trahison.

C'est dans cet esprit qu'il faut apprécier la conception que l'on a mentionnée déjà et que dans

Par delà le Bien et le Mal Nietzsche oppose, en guise de critérium nouveau, à l'ancien mètre Vérité. « La fausseté d'un jugement n'est pas pour nous une objection contre ce jugement... Il s'agit de savoir dans quelle mesure ce jugement accélère et conserve la vie, maintient et même développe l'espèce (1). » Au mètre idéologique Vérité, Nietzsche substitue, pour l'évaluation des choses, ce mètre biologique : ce qui est utile à la vie. Or, cette substitution est grosse de vues nouvelles et fécondes : Nietzsche en a tiré sa thèse sociologique sur la nécessité d'une transvaluation des valeurs. Mais le nouveau mètre qu'il propose est bien loin de posséder une valeur absolument logique et rationnelle. Ce qui est utile à la vie n'existe pas en soi. Ce qui est utile à la vie n'existe que dans l'appréciation d'une volonté particulière et déterminée. Toute affirmation relative à ce qui est utile à la vie constitue une proposition qui, avant d'avoir été formulée, et afin de pouvoir l'être, suppose qu'un choix arbitraire a déjà été fait, attribuant au mot *vie* un sens déterminé. Mais cette proposition exige encore, pour devenir réellement un terme d'appréciation et un mètre, que toute une suite de

---

(1) *Par delà le Bien et le Mal*, p. 15.

partis pris nouveaux la viennent restreindre et féconder.

Le parti pris que suppose le critérium de la valeur formulé par Nietzsche consiste en un choix qui, parmi les diverses manifestations de l'existence phénoménale, s'est déclaré en faveur du phénomène biologique, au sens déterminé où la science moderne emploie ce mot, et en faveur même d'une part restreinte de ce phénomène, en faveur du phénomène humain : ce qui vaut, selon Nietzsche, c'est ce qui vaut pour la vie humaine. Or, c'est bien là un parti pris arbitraire, car le principe de la Volonté de puissance, *il n'est pas de force au-dessus de la force*, ne commande nullement un choix et une restriction de cette nature. Si quelque cataclysme cosmique avait pour effet de supprimer de la surface de la terre l'air respirable ou d'y déterminer, de toute autre manière, la disparition de la vie, un tel cataclysme ne blesserait en rien le principe de la Volonté de puissance et du déterminisme de la force : il consacrerait seulement le triomphe, en ce petit point de l'espace, des forces physico-chimiques sur les forces biologiques et plus particulièrement sur l'humanité. Si, dans l'univers, rien ne se perd, rien ne se crée, rien ne saurait être préjudiciable ou favorable à la vie, au sens large du mot, et il arrive seulement que ce qui est abandonné par une forme est gagné par une autre, au gré de la lutte engagée entre toutes les choses. Pour se placer, au point de vue particulier et restreint auquel il s'est placé, lorsqu'il a formulé son critérium de la valeur, Nietzsche a donc dû trouver en lui-même un goût, un principe de partialité qui lui fournît indépendamment de toute logique, — la logique étant sans pouvoir en l'espèce, — une base solide pour son évaluation. Ce goût se prononça en faveur de la forme particulière de la vie qui était représentée en lui-même : la forme humaine.

Restreint et déterminé par cette première élection, le critérium de Nietzsche va exiger, a-t-on dit, pour son application, des interventions nouvelles du parti pris, définissant quelles réalisations sont désirables pour la vie humaine, précisant dans quel sens la vie humaine doit être conservée et développée. Il s'en faut, en effet, que les hommes soient d'accord sur ce qui leur convient, et, après que l'on a éliminé l'opinion de tous ceux qui, selon le sentiment bouddhique, aspirent à la suppression de la vie consciente, et préfèrent la vie animale à la vie humaine, la vie végétale à la vie animale, l'inorganique à l'organique et le néant à l'être, il reste encore que, parmi les autres, des conceptions très diverses ont cours sur ce qui est souhaitable ou redoutable. Un développement dans le sens de la culture est possible ou un développement dans le sens du bien-être universel. Lequel est désirable ? lequel doit être considéré comme favorable à la vie ?

Quelle que soit par la suite l'événement, il lui faudra toujours assigner pour cause le triomphe d'un groupe d'éléments sur un autre, en sorte que le principe de la Volonté de puissance ne sera pas plus mis en échec en un cas que dans l'autre et qu'il ne peut par conséquent fixer, pour prendre parti, aucune orientation logique au désir. La préférence de Nietzsche, en faveur d'un mode déterminé de l'existence humaine, relève donc aussi d'un parti pris de tempérament, et on ne saurait lui reconnaître d'autre valeur ni d'autre autorité que celle-ci : qu'elle affirme sa réalité dans le goût qui l'exprime, qu'étant une réalité douée de quelque pouvoir elle possède sa chance de prévaloir. Il ne s'agit donc pas de la discuter, de l'apprécier par rapport à quelque idée prise comme mesure de sa valeur, car elle n'est pas la conséquence d'une opération de la raison, nul syllogisme ne la peut engendrer. Bien au contraire, elle va être le point de départ et la condition d'existence, sitôt qu'on l'aura admise, de toute discussion possible, elle va devenir la mesure des choses, c'est elle qui va justifier ou condamner tout le reste, et, c'est à évaluer l'utilité des divers phénomènes dans leur rapport avec elle que l'exercice de la raison va trouver son usage. Elle ne fait point partie de ce monde spirituel dont, selon l'expression de Pascal, on peut faire ce que l'on veut. Elle appartient au monde physique. Elle est la substance même de la vie, la vie, selon le décret de Zarathoustra, étant en son entier goûts et couleurs.

La sociologie telle qu'elle a été, le plus souvent pratiquée, c'est-à-dire, en tant qu'elle prétend se fonder sur un principe logique pour en déduire des lois, ne procède pas autrement qu'une religion. Elle commet cette faute métaphysique essentielle, caractéristique de la croyance contemporaine, dont on a dit qu'elle consiste à confondre la raison, art de raisonner, art de voyager d'une idée à une autre, avec la Raison, source et lieu des idées, qui n'est qu'une transposition de la notion du divin, telle qu'un Renan en dernière instance la poétisa. Concevons donc, en antagonisme formel avec ce point de vue, que pour Nietzsche un désir, un parti pris fonde seul la sociologie. L'homme qui a une valeur pour la vie sociale, c'est celui-là seul qui possède une manière de sentir originale et propre, indépendante de raisons qui la commandent, et qui, parce qu'elle est réelle, tend à s'imposer.

Faire de la sociologie avec Nietzsche, c'est donc rechercher et décrire quelles sont les manières de sentir et de désirer propres à Nietzsche, puis, les ayant précisées, d'y adhérer ou de les répudier.

II

Si, éliminant de l'œuvre de Nietzsche toute proposition qui se justifie par une raison, tout ce qui s'appuie sur autre chose, pour s'élever et se formuler, que sur sa propre vertu, la tendance psychologique que l'on y rencontre, à l'état d'instinct et de pure chimie, est un parti pris en faveur de la grandeur de la vie. Une suprématie exercée par l'instinct de grandeur sur l'instinct de bonheur, voilà, semble-t-il, ce qui caractérise de la façon la plus positive, l'état de fait que la philosophie de Nietzsche tend à réaliser dans la vie humaine.

Encore, cet instinct de grandeur requiert-il peut-être qu'on le définisse : il consiste en cette tendance, caractéristique d'une catégorie d'êtres, qui les incite à pratiquer à l'égard d'eux-mêmes un constant ascétisme dans le sens d'un entraînement propre à augmenter leur puissance, qui les maintient dans un état de tension toujours extrême et les anime d'un désir de domination à l'égard des choses, des êtres et d'eux-mêmes. Si, pour se mieux faire entendre, il faut pourtant évaluer d'après cette idée de bonheur que l'on semble ici nier, on concédera que l'instinct de grandeur consiste à faire tenir le bonheur en ce sentiment de supériorité sur soi-même et sur l'extérieur, en ce sentiment de croissance et dans la conscience d'une résistance à tout moment surmontée. Un tel instinct de grandeur est, ainsi qu'on l'a exposé au chapitre consacré à Frédéric Nietzsche en *De Kant à Nietzsche* le grand ressort de la pensée du philosophe, c'est ce qu'il y a en lui d'absolument spécifique. C'est sa propre psychologie que Nietzsche met en scène lorsqu'il énonce dans *la Volonté de Puissance* : « L'homme ne cherche pas le plaisir et n'évite pas le déplaisir.... Ce que veut l'homme, ce que veut la plus petite parcelle d'organisme vivant, c'est une augmentation de puissance. » Et il pense que loin d'éviter le déplaisir l'homme le recherche parce qu'il a besoin de quelque chose qui s'oppose à lui : « Toute victoire, tout sentiment de plaisir, tout événement, présuppose une résistance surmontée (1). »

On ne saurait accorder pourtant que cette attitude et cette tendance soient communes à tous les hommes et l'on ne saurait oublier que la loi du moindre effort est un principe d'explication qui, en psychologie, a fait ses preuves. On ne saurait oublier la joie qui accompagne l'exécution de l'acte consacré par une habitude répétée, joie déterminée précisément par le défaut d'opposition que cet acte rencontre. Si la tendance à situer la sensation de plaisir dans le fait de la résistance surmontée existe dans l'humanité, la tendance contraire compte sans doute un nombre de représentants au moins égal et l'on ne saurait dire que l'une ou l'autre se fonde sur autre chose que sur une idiosyncrasie individuelle, sur une manière d'être, de nature purement physiologique sur un « je suis cela ».

Ce parti pris en faveur de la grandeur de la vie humaine qui engendre la dureté envers soi-même le goût de l'effort et l'amour de la lutte, va se

(1) *La Volonté de Puissance*, II, p. 84.

montrer, chez Nietzsche, accompagné d'autres prédilections, dans le choix desquelles s'exprimera encore cette grâce libre d'un premier mouvement psychologique que la rigueur de la raison n'a pas asujetti à des formes inflexibles, et qui tient de lui-même sa fatalité. On pourrait tenter pourtant de montrer un lien de nécessité logique entre cet instinct de grandeur, si impérieux chez Nietzsche, et son goût décidé pour la culture, pour les modes esthétiques de l'existence, pour toutes les formes de l'art et de la connaissance. On pourrait arguer que de telles plantes rares ne croissent que sur un terrain préalablement ameubli par un long effort, que ces formes raffinées de l'existence humaine veulent des races et des peuples ayant su d'abord s'exhausser au-dessus du besoin et disposant d'un excédent de force. Une telle démonstration ne semble point chimérique. Peut-être cependant ne comporte-t-elle pas une rigueur complète. Peut-être n'est-il point certain qu'une force exubérante, en haussant un peuple au-dessus du besoin, s'exprime toujours en l'invention d'une civilisation plus raffinée. Peut-être faut-il encore, pour déterminer cette réussite, des hommes d'une certaine sorte, chez lesquels les raffinements de l'art et la politesse des mœurs correspondent à un plaisir. La Grèce et Rome, avec des nuances différentes, offrent des exemples historiques d'un tel événement, mais Carthage, alors qu'elle prévalut, multiplia sa richesse, augmenta son commerce et ne manifesta point que sa mentalité se fût accrue. Toutefois, quand bien même ce goût de la culture et des formes les plus complexes de la civilisation ne serait pas une conséquence fatale de la passion pour la grandeur de la vie, il n'en resterait pas moins que cette passion dominante s'est orientée chez Nietzsche dans un tel sens, en sorte que cette orientation, si elle n'est pas nécessitée par son premier parti pris, est un des aspects de ce parti pris, le définit et le précise.

Il existe, en effet, chez Nietzsche une préférence indéniable pour les modes de la civilisation qui s'épanouissent en une culture ; le mot se rencontre constamment dans ses écrits et il lui donne le sens le plus étendu. La culture à ses yeux ne se traduit pas seulement par l'expansion des lettres et des arts ou par le progrès de la connaissance scientifique ; elle s'exprime aussi dans la politesse des mœurs, dans l'ornement ordonné de l'existence, dans tout ce qui contraste avec la barbarie. On sait son goût pour les périodes historiques où se manifestèrent de telles éclosions de la plante humaine, les quelques siècles de la vie hellénique, le monde romain, en tant qu'il distribue sous les lois d'un vaste empire les éléments de la vie antique, l'époque de la renaissance, le dix-septième siècle français.

Le parti pris de Nietzsche en faveur de la grandeur de la vie, en faveur des formes de civilisation où cette grandeur s'exprime par une culture et par des mœurs, aboutit enfin à un parti pris décidé en faveur des sociétés aristocratiques en faveur, du règne des élites. Ici toutefois, plutôt qu'un parti pris, c'est une opinion qui s'exprime en cette prédilection. Il faut marquer fortement la transition. Faire tenir le bonheur dans la grandeur, dans le sentiment de la puissance et dans la joie de la résistance surmontée, c'est un parti pris pur et simple qui ne relève que d'une fatalité de tempérament et s'oppose à un autre parti pris de même origine, celui qui consiste à faire tenir le bonheur dans le bien-être et dans la suppression de l'effort; mais conclure à la nécessité du règne des élites pour réaliser la grandeur, c'est formuler un moyen en vue d'un but, c'est émettre une opinion, et qui vaudra en raison de la rigueur de l'interprétation logique des phénomènes, sous le jour de leur rapport avec le but fixé par le parti pris. Le parti pris en faveur de la grandeur et le parti pris en faveur du bien-être, voici deux attitudes commandées par un état de tempérament, par un : « Je suis cela, » deux attitudes représentatives de deux catégories d'hommes qu'aucun raisonnement ne peut concilier. Voici deux points de vue entre lesquels est un fossé creusé par la différence physiologique et que des raisons dialectiques ne peuvent franchir. Au contraire, juger que le bien-être de l'humanité est la conséquence de la suprématie du grand nombre, ou juger que la grandeur de l'humanité est la conséquence du règne des élites, ou porter des jugements où les termes précédents seraient intervertis, ce sont là des conjectures sur lesquelles des hommes appartenant pourtant à la même catégorie physiologique peuvent ne point tomber d'accord. Il y a place ici pour des erreurs d'appréciation mentale, que rendent inévitables le nombre et la variété des éléments qui entrent en un tel problème, aussi bien que l'instabilité des circonstances qui encadrent tour à tour ces éléments. C'est pourquoi il arrive que des hommes de catégorie physiologique opposée se rencontrent parfois en une même opinion politique ou sociale, tandis que des hommes de physiologie pareille se font face en ennemis dans des camps opposés. La loi d'ironie intervient toujours ici, qui fait pour ceux-ci ou pour ceux-là que leurs actes militent au rebours de leurs désirs.

Pour tout partisan de la grandeur de la vie, l'examen et la discussion des idées de Nietzsche offrent le plus haut intérêt. Ces idées sont fortement tranchées et contrastent violemment avec les tendances de la sociologie moderne. Si, pour ce motif elles blessent la sensibilité rationaliste, il ne faut pas oublier pourtant qu'elles sont fondées sur des observations profondes, qu'elles relèvent d'une sincérité et d'une indépendance de pensée absolues, en même temps qu'elles témoignent, par les déplacements de points de vue auxquels elles contraignent l'esprit, d'une extraordinaire vigueur intellectuelle.

Nietzsche établit donc une corrélation entre ces deux faits : l'évolution ascendante de la vie humaine et le fait aristocratique. Mais le fait aristocratique se ramène à un autre fait plus primitif avec lequel il se confond : un fait de commandement. Si l'aristocrate peut être distingué par la suite à l'indice de certaines qualités qui lui sont propres, c'est le fait de commander et d'être le maître qui est tout d'abord son unique caractère distinctif, les autres caractères ne pouvant se développer qu'à la faveur de celui-là.

Or il s'agirait d'établir avec Nietzsche que, partout où se manifeste un état d'évolution ascendante, se révèle aussi la présence de quelque chose qui commande et par conséquent de quelque chose aussi qui obéit. Il s'agirait d'établir que, partout où se manifeste un état d'évolution ascendante, existe aussi, entre les éléments qui participent au jeu du phénomène, un état de différenciation et d'inégalité par contraste avec l'état d'indifférenciation et d'égalité parfaite qui semble devoir exister entre tous les éléments d'une chose incapable de changement. Poser la question en ces termes, c'est, semble t-il, la résoudre, c'est la résoudre en faveur de la nécessité d'une hiérarchie dont le fait aristocratique se montre une conséquence. Sous ce jour, la proposition de Nietzsche apparaît donc déjà très forte. Le phénomène biologique, si on le consulte, renforce d'un exemple particulier la valeur de cette vue générale.

L'évolution tout entière de la vie animale reconnaît en effet pour origine et pour moyen des associations de cellules ; or ces associations, pour être efficaces et donner naissance a des formes nouvelles, doivent être accompagnées de phénomènes d'abdication et de spécialisation, telles cellules associées renonçant à telles de leurs fonctions pour en remplir plus parfaitement quelques autres, les unes assumant la tâche de pourvoir à la nutrition de l'ensemble, les autres se chargeant des relations avec l'extérieur. Ces dernières engendrent, par différenciation du sens du toucher, les divers sens du goût, de l'odorat, de l'ouïe et de la vue : voici naître avec elles les saveurs, les couleurs, les odeurs et les sons; le monde se formule, émerge de l'invisible. Et, parmi ces éléments biologiques déjà supérieurs, voici se constituer des groupes nouveaux qui coordonnent l'action des autres groupes, dirigent leur activité et prennent d'autant plus d'importance que les formes vivantes où ils se rencontrent occupent, dans l'échelle animale, un rang plus élevé.

Ainsi l'association fait apparaître dans la vie jusque-là homogène et indistincte des différenciations ; elle donne naissance aux organismes et se montre, par la suite, condition de toute vie ascendante. Or, que distingue-t-on au principe de toute association ? Quel est le fait essentiel qui rend l'association efficace ? un fait de suprématie ; un fait de suprématie pur et simple qui délègue à tel élément ou à tel groupe d'éléments le pouvoir de commander à d'autres, qui contraint les uns à accepter dans un ensemble les fonctions subalternes, tandis que les autres s'emparent des fonctions supérieures. Un fait, non pas une idée. L'idée de force serait elle-même ici de nature trop métaphysique ; car si, à une époque avancée déjà de l'évolution, les qualités individuelles qui, tour à tour, représentent le mieux la force, sont propres à procurer l'avantage d'une suprématie, dans la vie inférieure, et aux origines, ce fait est le produit pur et simple des circonstances. Ainsi est-ce sans doute une question de situation dans l'espace, à quelque moment de la durée, qui, entre des groupes rudimentaires de cellules venant à s'associer, fixe le rang et la hiérarchie, assignant à celles-ci le soin des relations avec l'extérieur d'où naîtront plus tard les fonctions intellectuelles et confinant celles-là dans les fonctions de nutrition.

Quelle que soit d'ailleurs sa cause, c'est ce fait de suprématie qui se montre le moyen efficace de toute association, et il se montre tel en engendrant un fait d'exploitation qui est, à vrai dire, sa propre et doux à la domination d'une bande de guerriers. Ceux-ci, sans tenir compte aucunement des buts poursuivis jusque-là par les vaincus, tournent leur activité à les servir, se déchargent sur eux des tâches subalternes, réservant leur propre activité pour des tâches plus nobles, pour des soucis à inventer, et qu'ils inventent, s'ils sont d'imagination ingénieuse et créatrice. D'ailleurs, par la contrainte qu'ils imposent aux vaincus, par les travaux choisis auxquels ils les astreignent, ils développent et perfectionnent, parmi ces hommes adonnés jusque-là à des labeurs pareils, des qualités nouvelles et plus précises, des buts nouveaux et plus subtils. Les choses se passent ici comme en biologie où l'on a montré les cellules du toucher se différenciant en cellules de l'odorat, de l'ouïe et de la vue. L'élite aristocratique, et qui commande, assume ici cette tâche si essentielle pour le développement de la vie supérieure : elle limite et définit les activités, afin de les multiplier, de les diversifier, de les spécialiser.

Pour bien remplir cette tâche, la qualité la plus nécessaire à cette élite est la foi égoïste en sa propre bonté. « Ce qui distingue, dit Nietzsche, une bonne et saine aristocratie, c'est qu'elle ne se sent pas comme fonction (soit de la royauté, soit de la communauté), mais comme le sens et la plus haute justification de la société; qu'en conséquence elle accepte d'un cœur léger le sacrifice d'une foule d'hommes qui, pour son bien, devraient être réduits et amoindris à l'état d'hommes incomplets, d'esclaves, d'instruments (1). » Et justifiant, d'un point de vue historique, la rigueur de cette doctrine, il constate : « Toute élévation du type homme a été jusqu'ici l'œuvre d'une société aristocratique, et il en sera toujours de même : d'une société qui croit à une longue succession d'ordres, de rangs et de différences de valeur d'homme à homme et qui a besoin de l'esclavage dans un sens quelconque (2). »

D'ailleurs, pour Nietzsche, ces guerriers qui, aux premiers âges de l'histoire, fondent le principe d'autorité ne sont pas supérieurs aux hommes qu'ils asservissent par la seule force physique. Ces maîtres sont réellement, d'une façon générale, des échantillons d'humanité supérieure. Ils sont positivement l'expression d'une réussite physiologique; ce sont des êtres chez lesquels les instincts sont parvenus à se coordonner selon une hiérarchie, en sorte que tous ces instincts convergent

---

(1) *Par delà le Bien et le Mal*, p. 216.
(2) *Par delà le Bien et le Mal*, p. 215.

harmonieusement vers un même but. Cette convergence et cette harmonie qui constituent leur valeur individuelle se sont formées chez eux, hors du regard de la conscience, en un obscur conflit des cellules et des centres nerveux qui a abouti à un fait de domination, à une hiérarchie physiologique. En ce sens, l'aristocrate, le maître, l'homme à la conscience robuste d'Ibsen, obéit lui-même à un principe directeur et c'est parce qu'il sait obéir qu'il sait commander. Nietzsche subordonne ainsi, d'un point de vue profond de physiologie, le principe aristocratique au principe d'autorité et de hiérarchie qui est l'âme même de sa conception de la vie. « Tout ce qui est vivant est une chose obéissante, dit Zarathoustra ; on commande à celui qui ne sait pas s'obéir à lui-même. C'est là la coutume de ce qui est vivant (1). »

Obéir est le fait essentiel. A qui ou à quoi ? Cela n'est pas ce qui importe. Mais le fait lui-même de l'obéissance est créateur du réel, le fait d'être déterminé d'une façon constante, ce fait qu'un ensemble d'unités quelconques est soumis à la tyrannie de lois arbitraires et soustrait à la liberté, au laisser-aller, au chaos. Mais s'il importe peu de

---

(1) *Ainsi parlait Zarathoustra.* Ed. in-8º du Mercure de France, p. 157.

savoir d'où vient le commandement, deux choses importent infiniment pour qu'un faisceau, un organisme, une nation soient créés là, où n'étaient que des éléments épars : il faut que ce commandement dispose de la force nécessaire pour se faire observer, il faut aussi qu'il s'exerce dans une direction déterminée et constante. « Le principal au ciel et sur la terre, pour le dire encore une fois, c'est d'obéir longtemps dans une même direction : il en résulte toujours à la longue quelque chose pour quoi il vaut la peine de vivre sur la terre, par exemple la vertu, l'art, la musique, la danse, la raison, l'esprit, quelque chose qui transfigure, quelque chose de raffiné, de fou et de divin (1). » Ainsi s'exprime Nietzsche dans *Par delà le Bien et le Mal*. « L'essentiel et l'inappréciable dans toute morale, dit-il encore, c'est qu'elle est une longue contrainte (2), » et c'est sur cette condition maîtresse qu'il insiste sans cesse : le fait même de la contrainte, le fait d'une autorité devenue assez forte pour décréter une loi constante et en garantir l'exécution, voilà ce qui vaut pour la vie, et il cite, il multiplie les exemples : « La discipline, dira-t-il, que s'imposait le penseur de méditer selon une règle d'église et de

---

(1) P. 105. Ed. in-8º du Mercure de France.
(2) P. 104. Ed. in-8º du Mercure de France.

cour, ou selon des hypothèses aristotéliciennes, la longue volonté intellectuelle d'expliquer tout ce qui arrive par un schéma chrétien, de découvrir et de justifier le Dieu chrétien en toute occurrence, toutes ces choses violentes, arbitraires, dures, terribles et déraisonnables se sont révélées comme des moyens d'éducation par quoi l'esprit européen a obtenu sa vigueur, sa curiosité impitoyable, sa mobilité subtile(1). » Or, ce qui faisait la valeur pour la vie de ces règles quelconques, ce n'était pas qu'elles valussent plus ou moins par elles-mêmes. Mais elles valaient parce qu'elles avaient le pouvoir de s'imposer et parce que, se répétant avec insistance, elles construisaient et fortifiaient, par le fait de ces répétitions accumulées, des *réalités*.

On voit maintenant ce qui constitue, au regard de Nietzsche, l'utilité vitale d'une aristocratie. Cette élite réalise, dans tout groupe où elle existe, les deux conditions indispensables à la formation d'une réalité sociale : un commandement et une volonté fixe qui répète le commandement selon un rythme toujours semblable à lui-même. Dire qu'une élite aristocratique commande, c'est, lorsque l'on emploie ce terme au sens de Nietzsche, commettre un

---

(1) P. 105, éd. in-8° du Mercure de France.

pléonasme : une aristocratie qui ne dispose plus de la force impérative cesse à ses yeux d'être une aristocratie. Mais ce groupe de maîtres va aussi commander d'une façon durable et continue dans une même direction, parce que les hommes qui le composent sont, ainsi qu'on l'a dit, l'expression d'une réussite physiologique. Ils sont quelque chose d'achevé et de fixé. Ils sont pleinement satisfaits d'eux-mêmes; ils ont foi en leur propre excellence, ils ont dépassé la période des hésitations et des recherches. Persuadés qu'ils sont d'avoir réalisé le parfait, ils considèrent avec une méfiance hostile toute nouveauté. C'est grâce à ces qualités de méfiance d'autrui et de confiance en eux-mêmes qu'ils vont pétrir la matière humaine selon des formes fixes, la durcir, et, en lui retirant la souplesse de l'argile et la possibilité de varier, lui donner en échange une réalité définie. C'est par leur intervention que ce qui n'était qu'un commencement ne va pas rester seulement un commencement, mais va, par l'audace d'un choix irrévocable, persister dans sa voie et renoncer au rêve infini des possibles pour décider du réel.

Par la vertu de cette contrainte qui limite l'énergie et la canalise afin de l'accumuler et la ciseler, se constitue ce qui est, selon Nietzsche, le moyen de toute civilisation, une *culture*, et cette culture, cette culture d'hommes, donne naissance à ce qu'il tient pour le sceau et pour la fleur de toute civilisation : des mœurs. « Toute morale, énonce M. Pierre Lasserre, en une formule (1) où se manifeste une rare entente du sens aristocratique, selon sa valeur essentielle et dans ses nuances les plus fines, à la façon dont Nietzsche le concevait, toute morale, donc toute règle de mœurs qui a été reconnue pour bonne ici ou là, en même temps qu'elle marque ses directions à l'énergie humaine, est une œuvre de cette énergie. Elle est le legs de beaucoup de générations d'ancêtres obstinées et patientes à se travailler, à se réprimer, à s'accentuer elles-mêmes en un certain sens. » Et, définissant le rôle de l'aristocratie, il lui assigne cette tâche majeure : « l'enfantement et l'entretien des belles-mœurs. »

IV

Telles sont les qualités que Nietzsche exige d'une aristocratie, tel est le rôle qu'il lui assigne, créateur à l'origine des mœurs, conservateur par la suite des

---

(1) *La morale de Nietzsche*, Ed. du Mercure de France, p. 26.

belles-mœurs. Mais ce qu'il faut retenir avant tout, c'est que le fait aristocratique est représentatif, à ses yeux, dans le milieu social, de ce fait de suprématie qui, en biologie, institue, entre des éléments pareils, des différenciations, entre des éléments égaux, des inégalités, des rapports de dépendance et de hiérarchie, par lesquels la vie hautement organisée devient possible.

Au regard de Nietzsche, il existe donc deux groupes antagonistes d'idées associées : il y a association d'une part entre les idées aristocratie, principe d'autorité, hiérarchie, inégalité, différenciation, impliquant contrainte, obéissance, exploitation, spécialisation, *vie ascendante ;* il y a association d'autre part entre les idées règne du grand nombre, égalité, indifférenciation, liberté, anarchie, chaos, dégénérescence, dissolution, *vie en déclin.* Dans le premier groupe se montrent toutes les conditions qui déterminent la grandeur de la vie, dans le second toutes les manières d'être qui déterminent l'abaissement de la vie au-dessous d'elle-même. Le parti pris de Nietzsche en faveur de la grandeur de la vie va donc faire ce que ne pouvaient faire les analyses de sa réforme philosophique : il va fournir une base à la condamnation prononcée par Nietzsche contre le mouvement judéo-chrétien et l'idéal égalitaire. Que ces doctrines religieuses et sociales se couvrissent d'un mensonge, on a montré, en effet, que cela ne pouvait être une objection contre elles de la part d'une philosophie qui, en dernière analyse, s'est établie en cette formule. « Ce qui peut être conçu est nécessairement une fiction (1). » Mais que ces doctrines fussent une cause d'abaissement pour la vie, c'est ce que ne pouvait tolérer cet instinct de grandeur qui s'est mis à philosopher avec Frédéric Nietzsche.

Avec cette analyse des causes qui ont déterminé l'hostilité de Nietzsche contre le christianisme et la Révolution, nous sommes au cœur même de sa philosophie. Selon Nietzsche, ainsi qu'on sait, l'instinct de connaissance n'est pas le père de la philosophie. Il n'est jamais qu'un moyen et un instrument, au service d'un autre instinct, qui l'utilise pour se représenter lui-même comme la fin dernière de l'existence. Nietzsche ne prétend pas qu'il en soit autrement avec lui. Le seul point par où il se distingue des autres philosophes est celui-ci : tandis que ceux-ci cachent leur manœuvre et le plus souvent en sont dupes, lui, montre au grand jour l'instinct qui est chez lui dominant, qui, avec lui, se prend à philosopher et aspire à dominer.

(1) *La Volonté de Puissance*, II, p. 28.

Cet instinct, c'est précisément cette passion de grandeur qui l'anime d'une ardeur si violente pour tout ce qui exalte la vie, d'une haine si forte contre tout ce qui la fait déchoir. C'est donc dans leur rapport avec cet instinct qu'il nous faut expliquer, sous un jour de dépendance, toutes les autres parties de cette philosophie. Or, il faut confesser que toute cette part de l'œuvre de Nietzsche de nature purement intellectuelle, à laquelle fut donnée en ce volume la première place, en tant que Réforme de la philosophie, n'est dans l'ordonnance hiérarchique de la pensée du philosophe qu'un moyen, moyen de destruction dirigé contre des conceptions régnantes et qui constituaient à ses yeux une menace pour la vie. On peut penser, peut-être, que si le mensonge type qu'est, en son essence, l'idée d'une vérité en soi eût favorisé de notre temps un état favorable à la grandeur de la vie, Nietzsche n'aurait pas songé à divulguer ce mensonge, n'aurait pas dirigé contre lui cette suite d'analyses par lesquelles, détachant tous les masques idéologiques, il a contraint toutes les faces des choses à se montrer à nu, à laisser voir, sous le fard de la métaphysique, leurs couleurs véritables.

C'est donc sous l'empire de l'instinct de grandeur, qui est le grand ressort de ses jugements et de ses opinions, que Nietzsche a porté contre l'idéal révolutionnaire et surtout, contre tout le rationalisme à forme encore chrétienne qu'il traîne à sa suite, les sentences les plus dures. Il n'y avait pas lieu de les relater, lorsqu'au cours des analyses d'une première étude on montrait le critique préoccupé seulement de divulguer le mensonge idéologique sous le manteau duquel la doctrine égalitaire avait grandi. Il faut au contraire les produire maintenant, en témoignage du parti pris de l'homme.

Il n'est pas une des formes de cette doctrine que Nietzsche ait épargnée. On le voit s'élever contre ce qu'il nomme les idées anglaises, contre la doctrine encyclopédique qui les vulgarisa et mit au service de leur expansion toute la clarté du génie français. Mais il condamne surtout, comme contraire aux lois de la vie, le principe même de la Révolution, l'idée d'*égalité*. « La farce sanglante qui se joua alors, dit-il dans *le Crépuscule des Idoles*, « l'immoralité » de la Révolution, tout cela m'est égal ; ce que je hais c'est sa moralité à la Rousseau, —

les soi-disant « vérités » de la Révolution, par lesquelles elle exerce encore son action et sa persuasion sur tout ce qui est plat et médiocre. La doctrine de l'égalité, mais il n'y a pas de poison plus vénéneux, car elle paraît prêchée par la justice lorsqu'elle est la fin de toute justice. Aux égaux, égalité ; aux inégaux, inégalité : tel devrait être le langage de toute justice, et ce qui s'en suit nécessairement, ce serait de ne jamais égaliser des inégalités (1). » De son point de vue d'observateur scientifique des procédés biologiques, il ne voit dans la prétention égalitaire que la négation même de ces procédés, la formule du chaos et du néant. « Ce côté révolutionnaire, dit-il dans *le Crépuscule des Idoles*, est une des formes de l'irréel. » Et, dans *le Gai Savoir*, il déclare : « Nous ne sommes absolument pas libéraux, nous ne travaillons pas pour le « progrès », nous n'avons pas besoin de boucher nos oreilles pour ne pas entendre les sirènes de l'avenir qui chantent sur la place publique. Ce qu'elles chantent : « Droits égaux, Société libre, » cela ne nous attire point ; — en somme, nous ne trouvons pas désirable que le règne de la justice et de la concorde soit fondé sur

---

(1) P. 223.

la terre ; parce que ce règne serait en tous les cas le règne de la médiocrité et de la chinoiserie (1). »

Dans *le Crépuscule des Idoles*, rattachant à sa cause ce besoin d'égalité : « Nous vivons, dit-il, dans une époque de faiblesse. Cette faiblesse produit et exige nos vertus. L'égalité, une certaine assimilation affective qui ne fait que s'exprimer dans la théorie des droits égaux, appartient essentiellement à une civilisation descendante : l'abîme entre homme et homme, entre une classe et une autre, la multiplicité des types, la volonté d'être soi, de se distinguer, ce que j'appelle « le pathos des « distances », est le propre de toutes les époques fortes (2). »

La sévérité des jugements de Nietzsche à l'égard des principes de la Révolution est de beaucoup dépassée par celle dont il témoigne à l'égard du christianisme. C'est qu'entre l'idéal égalitaire de la Révolution et l'idéal chrétien, il ne voit de différence que celle de la cause à son effet, et, logique-

---

(1) *Le Gai Savoir*, p. 374.
(2) *Le Crépuscule des Idoles*, p. 207.

ment, c'est à la cause qu'il a voué son aversion la plus forte.

Il faudrait remplir un chapitre à citer en témoignage de cette aversion des phrases décisives. Nietzsche, d'ailleurs, n'a-t-il pas consacré un livre entier, *l'Antéchrist*, à se décharger du sentiment d'horreur et de répulsion que lui inspire l'idée chrétienne. « Le mouvement chrétien, dit-il, en tant que mouvement européen, est créé dès l'abord par l'accumulation des éléments de rebut et de déchet de toutes espèces (ce sont eux qui cherchent la puissance dans le christianisme). Il n'exprime point la dégénérescence d'une race, mais il est un conglomérat et une agrégation des formes de décadence venant de partout, accumulées et se cherchant réciproquement... Le christianisme a incorporé la rancune instinctive des malades contre les bien portants, contre la santé. Tout ce qui est droit, fier, superbe, la beauté avant tout, lui fait mal aux oreilles et aux yeux. Je rappelle encore une fois l'inappréciable parole de saint Paul : « Dieu a choisi ce qui est faible devant le monde, ce qui est ignoble et méprisé : c'est là ce qui fut la formule, *in hoc signo* la décadence fut victorieuse... le christianisme fut jusqu'à présent le plus grand malheur de l'humanité (1). »

(1) *L'Antéchrist*, dans le *Crépuscule des Idoles*, p. 321.

A propos de l'invention de l'âme immortelle, égalant tous les hommes entre eux, il dit : « Le poison de la doctrine des droits égaux pour tous, ce poison, le christianisme l'a semé par principe; le christianisme a détruit notre bonheur sur la terre... Accorder l'immortalité à Pierre et à Paul fut jusqu'à présent l'attentat le plus énorme, le plus méchant contre l'humanité noble... Le christianisme est une insurrection de tout ce qui rampe contre tout ce qui est élevé (1). » Et, dans *la Volonté de Puissance* : « Il faut, dit-il, considérer la croix comme fit Gœthe (2), » Gœthe qui, dans ses *Epigrammes vénitiennes*, associait dans une même répugnance la fumée du tabac, les punaises, l'ail et la croix.

V

Pour qui connaît la genèse de ces jugements de Nietzsche, aucun doute ne peut exister sur la nature du parti pris qui le guide, et il demeure qu'il faut tenir Nietzsche pour le théoricien du principe d'autorité, pour le partisan, au prix qu'il y faut

---

(1) *L'Antéchrist*, p. 304.
(2) T. I, p. 166.

mettre, des hiérarchies qui rendent possibles les formes les plus hautes de la civilisation. Pourtant, cet esprit positif a pu paraître tout d'abord, au regard d'un examen superficiel, se rencontrer en une fureur commune de destruction avec les esprits du type le plus opposé, avec ceux du type révolutionnaire le plus outré. Et si l'on considère que la société européenne actuelle est à base essentiellement chrétienne, les attaques de Nietzsche contre le christianisme, les plus éloquentes et les plus terribles qui aient jamais été proférées, pouvaient donner quelque crédit à cette interprétation. Nietzsche, d'ailleurs, n'a épargné aucune des valeurs glorifiées par la Société actuelle, et, pour donner à sa pensée une forme plus paradoxale, plus frappante et plus blessante, il a conservé, aux adversaires qu'il provoquait, leurs anciens noms vénérés. Ce sont les bons et les justes. « Brisez, brisez-moi les bons et les justes, » (1) s'écrie Zarathoustra, et, en ennemi de l'ordre reconnu et des choses sacrées, « Zarathoustra, dit-il, ne doit pas être le berger et le chien du troupeau! Pour détourner beaucoup de gens du troupeau, voilà pourquoi je suis venu. Le peuple et le troupeau s'irritent contre moi. Zarathoustra veut être traité de brigand par les bergers. »

(1) *Ainsi parlait Zarathoustra*, p. 302.

On sait maintenant que ces attaques à outrance contre tout l'idéal contemporain ne créent entre Nietzsche et le révolutionnaire politique aucune similitude. Dès que l'on regarde aux mobiles qui font agir celui-ci et aux motifs qui le déterminent lui-même, on s'aperçoit que l'un et l'autre ne diffèrent jamais autant que lorsqu'ils semblent ainsi s'unir : la rencontre qui les associe fait éclater un antagonisme irréductible.

L'esprit du type révolutionnaire attaque, en effet, les institutions établies parce qu'il les juge attentatoires à la liberté de l'individu, parce qu'elles créent une contrainte trop violente à son gré, parce qu'elles souffrent, sanctionnent et développent des différences trop flagrantes entre les hommes, parce qu'elles s'accommodent encore de l'injustice et de l'inégalité, enfin parce qu'il juge la vie compatible avec plus de douceur. Or, Nietzsche condamne ces mêmes institutions et les veut ruiner parce qu'elles comportent trop de laisser-aller, parce qu'elles tendent à niveler les hommes, à les réduire en une masse amorphe où les individualités fortes et nobles sont confondues avec les faibles et les vulgaires, parce que la hiérarchie y fait défaut, parce que le commandement y est affaibli, parce que tout y est disposé de façon à entraver l'action des hommes capables de créer des buts à la vie et d'intéresser les autres hommes à ces buts ou de les asservir à leur conquête. L'esprit du type révolutionnaire se plaint des institutions parce qu'elles comportent encore des maîtres ; Nietzsche les veut détruire parce que l'action des maîtres ne s'y fait plus sentir, en sorte que l'emploi de moyens pareils traduit ici de la façon plus complète l'antagonisme des volontés.

L'attitude de Nietzsche à l'égard du temps présent est la conséquence d'une appréciation, d'un diagnostic. Selon lui, toutes les valeurs morales reconnues pour bonnes par la civilisation actuelle, esprit d'égalité, libéralisme, altruisme, renoncement chrétien, sont des valeur de décadence, propres à abaisser la vie au-dessous d'elle-même, car elles sont en opposition avec les conditions ascendantes de la vie. Il conclut donc, par amour des formes supérieures de l'existence, à une *transvaluation* de toutes les valeurs actuelles, à la destruction de fond en comble de tout l'idéal contemporain.

Il en est de même, toutes les fois qu'il s'agit pour lui de se déclarer pour ou contre un état social donné : un jugement de fait s'interpose toujours entre son parti pris invariable d'amoureux de la grandeur de la vie et l'attitude opportune qu'il lui faut adopter. Cet état social renferme-t-il un principe de commandement ? Y trouve-t-on, avec une autorité proposant et imposant des buts à l'activité des hommes, des garanties de croissance pour la vie ? Le meilleur règne-t-il ? Y a-t-il des valeurs dans les choses ? Et sitôt qu'un état social ne lui semble pas réunir les conditions nécessaires à la grandeur de la vie, cette appréciation, vraie ou fausse, le pose nécessairement en ennemi et en destructeur de cet état social. Il va donc préconiser, en vue de réaliser la ruine d'un état contraire à la grandeur de la vie, les attitudes exactement opposées à celles qui fondent la grandeur de la vie : contre cet état de choses, il va déchaîner toutes les forces qui désorganisent, l'individualisme à outrance, l'esprit égalitaire, la passion de la liberté poussée au point où elle exclut la possibilité d'une discipline, par-dessus tout, cet esprit d'analyse qui ruine les mensonges sacrés et détruit la présomption de vérité dont se fortifie toute autorité de fait. Et si l'état social qu'il envisage comporte déjà tous ces principes de corruption, il va souhaiter les voir s'accroître, afin qu'il s'affaiblisse de lui-même et tombe bientôt à la merci d'une espèce d'hommes meilleure, capable de pétrir cette matière amollie et de réduire en esclavage, pour des desseins nouveaux, cette substance humaine décomposée. « Tout ce qui est d'aujourd'hui, prononce Zarathoustra, tombe et se décompose : qui donc voudrait le retenir? Mais moi, moi, je veux encore le pousser (1). » Tout le *Zarathoustra* repose sur une appréciation de déclin portée sur la vie; c'est en raison d'une telle appréciation que le prophète commande à ses compagnons : « Brisez, brisez-moi les bons et les justes, » les bons et les justes qui perpétuent ce déclin de la vie.

On se saurait donc interpréter de la part de Nietzsche, comme une contradiction de sa doctrine autoritaire, cet appel à l'anarchisme, à l'individualisme, à tous les dissolvants de l'ordre social, fait en vue d'un cas particulier : la destruction de la civilisation actuelle. Cette attitude est commandée logiquement par l'appréciation qu'il porte, à tort ou à raison, sur la valeur de cette civilisation. Il nous faut concevoir, au contraire, d'un point de vue de théorie pure, que Nietzsche n'est jamais plus passionnément épris de la beauté et de la grandeur de la Vie, qu'il n'est jamais plus loin de l'esprit anarchiste, que lorsqu'il se manifeste dans son œuvre sous l'apparence d'un génie destructeur et

(1) P, 296.

nihiliste. La destruction n'est jamais pour lui que moyen. Celui qui brise ici les tables de valeurs des bons et des justes, le destructeur, le criminel, « c'est celui-là le créateur, » dit Zarathoustra. « Nous réfléchissons, est-il écrit dans *le Gai Savoir*, à la nécessité d'un ordre nouveau et aussi d'un nouvel esclavage; car pour tout renforcement, pour toute élévation du type homme, il faut une espèce d'asservissement, n'est-il pas vrai? » Et Zarathoustra appelle de ses vœux « une nouvelle noblesse qui écrive de nouveau le mot noble sur de nouvelles tables (1) ».

Si d'ailleurs il avait pu rester jusqu'en ces derniers temps quelques doutes sur le caractère positif de la philosophie de Nietzsche, *la Volonté de Puissance*, dont M. Henri Albert nous a donné en l'année 1903 la traduction, les eût entièrement dissipés. Dans ce livre où Nietzsche a systématisé l'ensemble de sa pensée, il dénonce comme un état de fait l'existence d'un nihilisme européen. Il en énumère tous les symptômes, il en analyse les causes. En

(1) P. 187.

son essence, il le voit strictement déterminé par cette circonstance que le monde, tel qu'il apparaît aujourd'hui au regard critique, se montre inconciliable avec l'image que les hommes s'en étaient composée, avec l'interprétation qu'ils avaient inventée pour lui donner un sens et qui, seule, lui conférait à leurs yeux une valeur. Du fait de ce désaccord, le monde est déprécié, il semble désormais que tout soit « en vain », et Nietzsche pose le problème sous cette forme saisissante : « Voici venir la contradiction entre le monde que nous vénérons (un monde dont nous concevons toutes les parties liées entre elles, formant une unité et tendant vers un but) et le monde que nous sommes. Il nous reste soit à supprimer notre vénération, soit à nous supprimer nous-mêmes. Le second cas est le nihilisme (1). » Or, à cette solution du problème, Nietzsche oppose l'autre, celle qui consiste à nier le monde que nous vénérons, afin de nous conserver. C'est ici le nœud même de sa pensée et il apparaît bien, à la démarche décisive qu'on lui voit accomplir, que tout son nihilisme, à l'égard des valeurs métaphysiques et morales en cours, a sa source en un sentiment exactement opposé au nihi-

---

(1) *La Volonté de Puissance*, I, p. 31.

lisme, en une volonté d'affirmation à tout prix de la vie.

La nécessité de ruiner les anciens principes d'évaluation, afin de supprimer avec eux les causes du nihilisme, motive et justifie la critique des valeurs supérieures, introduite dans le second livre de *la Volonté de Puissance*. Mais cette critique, qui fut déjà l'objet de toutes les œuvres antérieures, n'atteint absolument son but qu'avec le troisième livre, où Nietzsche expose *le principe d'une nouvelle évaluation*. Ce principe, on le sait, c'est le fait de Puissance qu'il substitue, comme critérium de la valeur de toutes choses, à la conception d'une Vérité en soi. La démonstration consiste, ainsi qu'on l'a fait voir, à établir qu'à l'origine de tous les phénomènes du monde physique, à la source de toutes nos croyances et de toutes nos notions, se rencontre un fait de cette nature, triomphe d'un groupe d'éléments sur les autres, fait instable et qui peut toujours être remis en question, mais qui, sitôt survenu, réalise à son profit la présomption et la fiction d'une Vérité en soi dont il se fortifie. A la suite de ces analyses, le caractère de Vérité unique dont se réclamait l'ancienne interprétation de l'Univers n'apparaît plus que comme un succédané du fait de Puissance : il n'est plus quelque chose de primordial et de supérieur à la Vie, il se révèle un artifice que s'invente, dans l'esprit des hommes, tout idéal qui vient à triompher. Le fait qu'un mode d'interprétation autrefois tenu pour vrai n'est plus applicable à la vie ne témoigne donc plus contre la vie, il n'atteste plus que la déchéance de l'interprétation ancienne et signifie que des forces nouvelles, entrant en scène, luttent en vue d'établir la suprématie d'une interprétation différente. Ainsi, sur ce plan général de la pensée de Nietzsche dressé par lui-même, la critique de l'idée d'une vérité en soi, en quoi consiste toute la réforme philosophique, se montre bien ce que l'on vient de dire qu'elle est : non le but principal et direct poursuivi par Nietzsche, mais un détour et un moyen en vue d'atteindre son véritable but, à savoir : combattre le nihilisme, rendre à la vie menacée dans sa solidité et dans sa croissance par l'affaissement des soutiens sur lesquels elle repose, les conditions de sa grandeur.

L'idée maîtresse de ce dernier livre, où l'essence la plus intime de sa pensée se reflète, c'est celle-ci par laquelle, à une époque où s'effondrent les anciennes croyances, il échappe au nihilisme : aucune interprétation imaginée par l'esprit, vient-il dire, ne constitue une mesure absolue applicable à la vie ; toute interprétation est au contraire une invention de la vie qui a le pouvoir d'en créer d'autres, qui ne tient son prix que d'elle-même et n'est évaluable, en chaque phénomène où elle se manifeste, que par le degré de sa propre intensité.

Une autre remarque sera de nature encore à faire entièrement comprendre l'attitude de Nietzsche à l'égard des valeurs en cours. En tout idéal social, Nietzsche voit une chose vivante, qui a un commencement, une maturité et un déclin. Épris des périodes de maturité et de force, il souhaite accélérer les périodes de déclin : il voudrait favoriser, exagérer la décomposition qui s'y manifeste, afin que plus vite les hautes périodes reviennent, car un retour en arrière est selon lui impossible. C'est dans ce sens qu'il dit à « l'oreille des conservateurs » dans *le Crépuscule des Idoles* : « Il faut s'avancer pas à pas plus avant dans la décadence, c'est là ma définition du progrès moderne (1). » C'est vers la même époque que Nietzsche formulait, en d'autres termes, dans *la Volonté de Puissance*, cette appréciation identique : « Ce sont les principes de désorganisation qui, aujourd'hui, donnent

---

(1) P. 215.

le ton à notre époque (1). » Et il prend son parti comme d'une fatalité inéluctable de cet abaissement de la vie au-dessous d'elle-même, condition d'une nouvelle phase de grandeur. La morale du grand nombre aujourd'hui triomphante doit porter toutes ses conséquences; il faut qu'elle atteigne son idéal, à savoir, que vienne un moment « où personne n'ait plus rien à craindre », à savoir, que les conditions de la vie soient si douces que les plus faibles puissent vivre sans peine. L'homme sera alors devenu à ce point incapable d'un effort, qu'il sera à la merci des êtres d'exception, des nouveaux maîtres qui surgiront du milieu du troupeau et trouveront, dans la multitude, un instrument docile pour réaliser les fins dont ils seront les inventeurs. « Le nivellement de l'homme européen est le grand processus que l'on ne saurait entraver : on devrait encore l'accélérer (2). »

De ce point de vue qui lui permet d'entrevoir un nouveau triomphe d'une race de maîtres, Nietzsche précise son attitude à l'égard du christianisme, considéré comme expression et comme moyen de toute domestication du type humain. « J'ai déclaré la guerre, dit-il, à l'idéal anémique du christia-

---

(1) *La Volonté de Puissance*, I, 90.
(2) *La Volonté de Puissance*, II, 192.

nisme (ainsi qu'à ce qui le touche de près) non point avec l'intention de l'anéantir, mais seulement pour mettre fin à sa tyrannie et déblayer le terrain en vue d'un nouvel idéal, d'un idéal plus robuste. La continuation de l'idéal chrétien fait partie des choses les plus désirables qu'il y ait (1). » Mais loin qu'elle implique un recul en deçà des positions qu'il a prises sur le terrain sociologique, cette appréciation de Nietzsche accentue son parti pris, ainsi qu'il apparaît aux deux motifs qui lui font désirer la persistance du christianisme : « nécessité pour la croissance de l'idéal contraire d'avoir à combattre un adversaire vigoureux ; nécessité de la conservation des faibles, parce qu'il faut qu'une quantité énorme de petit travail soit faite (2). » Dans les deux cas, le phénomène chrétien n'est évalué et n'est pris en considération que dans son rapport d'utilité à l'égard du phénomène aristocratique.

★

Il ne faudrait pas toutefois que l'on fût tenté, parce que les vues sociologiques de Nietzsche ne

---

(1) *La Volonté de Puissance*, II, 217.
(2) *La Volonté de Puissance*, II, 210.

peuvent être interprétées que dans un sens strictement autoritaire et hiérarchique, de les compter comme un appoint en faveur d'une doctrine conservatrice au sens politique du mot. Nietzsche est aussi éloigné de l'esprit du type conservateur qu'il l'est de l'esprit du type anarchiste. Si le premier est utilisable au point de vue nietzschéen aux époques où le meilleur règne, aux époques où les valeurs supérieures sont des valeurs de maîtres et savent commander la foi, son rôle est nécessairement funeste aux époques où les valeurs vénérées sont en réalité des causes d'abaissement pour la vie.

Or, si l'on s'en réfère à l'appréciation portée par le philosophe de *la Volonté de puissance* sur le temps présent, il apparaît que le conservateur politique, s'évertuant à prolonger la durée d'un état contraire à la croissance de la vie, à ralentir le processus de décomposition que Nietzsche voudrait accélérer, ne pourrait être considéré par celui-ci comme un allié. A le prendre en soi, le conservateur politique présente, au regard de la conception nietzschéenne, ce caractère absurde qu'il fait cause commune, dans l'Europe entière, avec les diverses religions du type chrétien en sorte qu'il prétend défendre et conserver ce qui reste dans les choses d'autorité, de hiérarchie, d'aristocratie, avec le principe même qui implique la suppression de toutes ces choses et agit contre elles à la façon d'un poison spécifique.

Il existe, en effet, un lien indissoluble entre les deux idées *christianisme, égalité*. Si le catholicisme, héritier de la culture et de la civilisation romaines, réussit durant quelques siècles à séparer ces deux idées, et à faire tenir entre elles la conception d'une hiérarchie, si l'esprit féodal, héritier d'une évaluation aristocratique, née dans les milieux barbares, indemne du fait de son origine de toute influence philosophique ou chrétienne, favorisa, et même détermina cette action anti-chrétienne du catholicisme qui triompha avec la Renaissance, le Christianisme fit bientôt retour à ses origines avec la Réforme, avec les différentes formes du protestantisme, avec le mouvement rationaliste et démocratique, et, le lien, un instant relâché, entre les idées *christianisme, égalité*, se resserra avec plus de force. Le catholicisme même est aujourd'hui tout pénétré de rationalisme et l'élément chrétien y est devenu prépondérant. C'est pourquoi, en se réclamant des différentes religions qui aujourd'hui règnent en Europe, l'esprit du type conservateur s'appuie sur un principe dont c'est la fatalité d'être destructeur de toute hiérarchie.

Il n'y a donc au regard de Nietzsche aucune différence de nature entre les idées qui inspirent actuellement les dirigeants et celles qui suscitent les révoltés. Les unes ont engendré et engendrent les autres. Elles ne sont que les différents états d'un même principe, à des degrés divers de sa maturité, et, si elles se heurtent dans la pratique, c'est parce que le problème social comporte des oppositions d'intérêts par où, en dehors de toute logique, des interprétations différentes d'une même idée deviennent possibles.

VI

Ainsi la conception de Nietzsche dépasse toutes les catégories de la politique et ne supporte pas d'applications à ce domaine. Elle s'applique, au contraire, très directement à la sociologie en tant que celle-ci, traitant de la collectivité humaine, repose sur la psychologie, et, par-dessous, sur la physiologie des éléments individuels qui composent cette collectivité. Elle institue, en effet, une distinction fondamentale entre deux espèces dont l'antagonisme, et le concours aussi, décident du destin et de la forme des civilisations, celle des êtres qu'anime une aspiration vers la grandeur et qui sont représentés par l'élite, celle des êtres qui aspirent au bien-être et qui composent le grand nombre. Selon que l'une ou l'autre de ces deux espèces domine, l'évolution humaine, et sans doute aussi la puissance intrinsèque de l'humanité, se modifient et présentent, en même temps qu'un spectacle différent, des conditions différentes de solidité et de durée.

On a dit que les préférences de Nietzsche étaient toutes en faveur du règne des élites. Or, en faveur de cette préférence, on peut invoquer une considération très forte. Sans les élites, il semble que l'humanité ne se serait jamais élevée au-dessus du stade le plus bas, qu'elle n'eût pas même réalisé cet état de bien-être dans lequel ceux du grand nombre situent le bonheur. Toute forme nouvelle du bien-être est en effet la suite d'une invention, suppose un geste qui innove. Or l'être qui situe le bonheur dans le bien-être est impuissant à accomplir ce geste : il est rivé à l'acte qui a déjà été accompli, à l'acte qui est une répétition, qui, pour ce motif, réclame un moindre effort et, de ce fait, est tenu pour l'acte agréable par celui qui appartient à la catégorie du grand nombre. Celui-ci est donc impuissant à se conquérir lui-même son bien-être. Il faut qu'il le tienne de l'être d'exception, qui, plaçant son bonheur non plus dans le bien-être, mais dans le sentiment de l'augmentation de puissance et de la résistance surmontée, est seul capable d'accomplir l'acte douloureux, l'acte nouveau. A l'exemple ou sous le joug de l'élite, le troupeau s'élève-t-il à l'exécution de cet acte nouveau, cet acte est-il devenu pour lui l'acte facile à accomplir, et, au nom de cette pratique, il va désormais s'opposer au changement que médite déjà l'impatience de l'élite.

Le principe aristocratique dans la vie est donc proprement le levain de l'évolution et, si l'on constate que la vie humaine est une chose qui se transforme, qui, en réalité, se meut, il faut conclure à la présence et à l'action constante de ce levain, soulevant la masse qui résiste, vers des formes nouvelles et plus élevées de l'activité. Il faut donc accepter ceci : nécessité de l'influence des aristocraties pour que la vie atteigne même à ce bien-être dont la foule est avide, en fait, action certaine de cette influence puisque la vie nous montre une évolution historique, puisqu'elle ne se présente pas sous l'aspect d'un éternel statu quo. La vie sociale, selon la grande conception de M. Tarde, n'est qu'invention et répétition. Or l'invention, en même temps qu'elle est le principe aristocratique de la vie, en est aussi le principe créateur et fondamental : on n'imagine point qu'une répétition soit possible sans une invention préalable.

Ainsi semble-t-il qu'il faille reconnaître avec Nietzsche l'importance majeure du principe aristocratique pour la vie. Il reste à se demander, pourtant, si l'existence de cette masse pesante que l'élite humaine parvient à déplacer au prix d'un constant effort, et au risque d'être souvent broyée sous elle, ne tient pas elle aussi un rôle indispensable dans le jeu de cette évolution que les êtres d'exception dirigent.

L'élite est le principe du changement, la masse est le principe de l'immobilité, de la stabilité, le principe conservateur, au sens vrai du mot. Mais il est impossible de concevoir un changement qui ne s'exercerait pas sur un état antérieur, c'est-à-dire sur un état en quelque sorte matérialisé dans la durée, tenant sa réalité du fait qu'il a persisté, qu'il s'est répété semblable à lui-même, et ce fait de répétition qui assure la réalité du changement nouveau, il est le fait de la masse, de la masse pesante et populaire. Sous ce jour, il faut donc reconnaître à ce principe d'arrêt un rôle essentiel, comme celui de l'élite. Sans son intervention, aucune réalité sociale ne pourrait se former. Dans un livre précédent, on montrait le réel comme le résultat d'un conflit entre deux principes opposés : « Ce qui dure, disait-on, est seul perceptible, il n'y a pas de connaissance de ce qui serait absolument instable et éphémère. Par contre, l'immobile, ce qui, sous la contrainte d'une vérité trop forte, d'un pouvoir d'arrêt excessif, vient à se figer dans la durée, hors de tout changement possible, tombe au-dessous de la conscience, dans l'automatisme (1). » Cette genèse du réel où intervient le jeu des contraires s'applique à la réalité sociale. Pour que la vertu des élites prenne forme sociale et s'inscrive dans le texte de l'histoire humaine, il faut que cette vertu soit répétée selon d'innombrables exemplaires par la foule, il faut qu'elle devienne la propriété de la foule, et, qu'au nom de cette vertu la foule s'oppose aux vertus nouvelles inventées par l'élite. L'élite des premiers âges a enseigné au grand nombre le jeu de ses activités les plus immédiates ; une élite nouvelle, au-dessus d'un niveau déjà surélevé, a donné à la foule le spectacle du luxe et du raffinement, puis

---

(1) *Le Bovarysme*, éd. du Mercure de France, p.304.

en dernière instance a inventé les formes supérieures de l'activité mentale. Mais la foule en est encore à vouloir conquérir ce luxe, et ce confort dont l'élite lui a donné le spectacle : son effort, appliqué vers ce but, paralyse l'effort de l'élite en vue de développer le besoin mental. En même temps toutefois, et par les progrès de la foule vers le bien-être, on peut supputer que s'élargit le champ où se pourra recruter une élite nouvelle.

Ainsi la tendance aristocratique est un élément essentiel de la réalité sociale. On vient de montrer qu'elle ne compose pas, toutefois à elle seule, cette réalité tout entière et qu'elle n'est viable qu'à la condition d'être limitée par la tendance contraire. Dans une leçon professée à l'école des hautes études sociales et reproduite récemment, M. Henri Lichtenberger, à la suite d'un très substantiel exposé de la doctrine de Nietzsche, considérée sous le jour de ses conséquences sociales, aboutit à des conclusions voisines. L'antagonisme naturel qu'il relève entre l'élite et le troupeau crée à son sens un lien de solidarité entre les deux adversaires : « Le triomphe exclusif de l'un ou de l'autre serait, dit-il, un désastre pour le genre humain. Sans l'aristocratie des puissants, des créateurs de valeurs, l'existence serait sans but; sans le troupeau fortement organisé des médiocres, le genre humain s'éteindrait rapidement (1).»

Il résulte de ces constatations que la philosophie de Nietzsche offre au point de vue sociologique un intérêt d'opportunité. Représentative, avec une valeur typique exceptionnelle, de l'élément aristocratique dans la vie sociale, elle devrait être invoquée par les esprits réfléchis lorsque la société est menacée d'une prépondérance trop grande de l'autre élément; elle devrait être écartée et mise en réserve lorsque les valeurs aristocratiques ont pris un tel empire qu'elles menacent, par leur exagération, de compromettre la sûreté de la vie, que, développant à l'excès les facultés les plus hautes, elles compromettent l'existence de ces facultés mêmes en tarissant la sève des facultés plus humbles qui les supportent.

Mais est-il des esprits assez sages pour apprécier sainement une telle opportunité? Est-il possible de faire un tel usage raisonné et appliqué de ces vues théoriques? Intéressantes au plus haut point pour déterminer dans le passé la signification des faits sociaux, pour en saisir l'intrigue et s'en composer un spectacle, permettront-elles de décider, en des circonstances particulières, en un temps donné, de

---

(1) *Etudes sur la philosophie morale au XIXe siècle.*— Alcan, p. 266.

l'attitude qu'il est raisonnable d'adopter? permettront-elles de distinguer dans quel plateau de la balance il faut, pour réaliser un heureux équilibre, jeter le poids de ses actes et de sa volonté ? On ne le pense pas. Il n'est pas d'appréciation entièrement objective sur la valeur d'une époque, sur la solidité des croyances qui s'y manifestent ou s'y cachent dans les consciences ; il n'en est pas non plus sur la proportion précise où doivent se combiner, dans le mélange social, le principe aristocratique et le principe populaire. En de telles appréciations, il faudra toujours qu'il entre une préférence naturelle, un goût, un parti pris, quelque chose d'indécomposable à l'analyse et sur quoi le raisonnement puisse, en fin de compte, se fonder pour conclure, pour engendrer une croyance et fixer un but. A vrai dire le souci de recevoir cette croyance et ce but du seul mécanisme d'un raisonnement abstrait ne dénonce pas autre chose que l'impuissance de prendre parti, d'agir et de vivre, et le développement des facultés critiques au détriment des facultés spontanées. Ceux qui sont dominés par ce souci exclusif ne comptent guère pour la vie, et s'ils sont parfaits en leur genre, ils s'abstiennent bientôt de prendre part aux actes. Aux autres le pouvoir d'apprécier ne fait jamais défaut, c'est-à-dire le pouvoir d'être partial, qui n'est point différent du fait d'être vivant.

Il faut maintenir, afin de respecter le parfait intellectualisme qui domine l'œuvre de Nietzsche, que sur ce terrain mouvant de la sociologie, et malgré la violence avec laquelle il a pu affirmer et réduire en des jugements les préférences de son tempérament, ces jugements ne se targuent pas d'une origine rationnelle. Une part d'instinct, de volonté, de désir entre en eux, un fait de partialité, base illogique et résistante sur laquelle seule la logique peut asseoir la pesanteur des syllogismes et dresser les flèches de la dialectique. Avec un même souci d'intellectualisme, c'est aussi à un pareil instinct illogique qu'il faudra faire appel, pour décider pour ou contre cet ensemble de désirs et de tendances que Nietzsche a formulés avec une rare puissance, pour prendre parti en faveur ou à l'encontre d'une conception de la vie qu'il a rendue attrayante de toute la séduction et de toute la force de son génie.

SCHOPENHAUER ET NIETZSCHE

SCHOPENHAUER ET NIETZSCHE

I. Analogie entre la philosophie de Schopenhauer et celle de Nietzsche. Leur point de divergence. — II. Substitution par Nietzsche, comme critérium de la valeur, de l'idée de puissance à l'idée de vérité : conciliation possible, sous le jour de cette conception, des deux partis pris opposés de Schopenhauer et de Nietzsche. — III. Examen et conciliation du double parti pris moral. — IV. Examen et conciliation de la double hypothèse métaphysique.

La philosophie de Schopenhauer et celle de Nietzsche forment deux systèmes de pensées qui, au regard de beaucoup d'esprits, semblent tout d'abord s'exclure. C'est pourtant parmi ceux qui naguère s'éprirent de la doctrine de Schopenhauer que se rencontrent, le plus souvent, ceux-là mêmes qui accueillent celle de Nietzsche avec l'intelligence la plus entière de son contenu. Il en résulte quelquefois pour eux un malaise : comment concilier ces deux manières de voir qui successivement furent également sincères? Ont-ils changé? Doivent-ils renier leurs raisonnements passés pour faire place à ceux qui les séduisent maintenant, ou bien leur faut-il, en considération de leurs opinions d'antan, fermer l'oreille aux suggestions d'un conseil nouveau ?

On va tenter de faire voir que les deux doctrines ne s'excluent qu'en apparence, qu'en réalité elles s'impliquent. Cette thèse ne pourra surprendre, à vrai dire, que ceux-là seuls à qui la philosophie de Nietzsche n'est pas entièrement connue : car c'est au moyen de l'idée la plus importante de cette philosophie que cette conciliation va se montrer réalisable. Ainsi cette entreprise permettra du moins d'exposer et de montrer à l'œuvre l'idée maîtresse du philosophe. Elle aura aussi pour conséquence de rendre manifeste l'accord de Nietzsche avec lui-même. Nietzsche, en effet, fut initié à la vie de l'esprit par le théoricien du *Monde comme volonté et comme représentation*, et, durant les premières années de sa carrière méditative, il s'inspira de ses conceptions sur l'Univers. Concilier Schopenhauer avec Nietzsche sera donc bien aussi concilier Nietzsche avec lui-même. Œuvre utile, si l'on considère que nombre de critiques se sont crus dispensés d'approfondir une pensée aussi forte, sous le prétexte qu'il était impossible d'en accorder entre elles les différentes parties. Nietzsche peut donner parfois l'impression de la contradiction par la fougue et la sincérité de son génie : il n'est en effet jamais arrêté dans le développement d'une idée par la crainte qu'elle puisse être incompatible avec d'autres précédemment émises, et il lui arrive de donner, sans ménagement, à l'idée nouvelle, la traduction la plus propre à outrer un antagonisme apparent : mais c'est par là que chacune de ses pensées conserve toute sa portée et reçoit son développement intégral, c'est par là, aussi, que nous sommes assurés, si deux fragments aussi disparates viennent à se montrer des dépendances d'un même ensemble, qu'ils n'ont pu être ainsi réunis que par quelque principe d'explication essentiel.

Au cours des clairvoyantes analyses qui composent sa *Psychologie de l'invention* (1), M. Paulhan a montré comment une idée nouvelle, venant à surgir des centres obscurs où la pensée s'élabore dans le champ lumineux de la conscience, peut avoir pour effet de joindre entre eux, les embrassant l'un et l'autre, deux développements qui s'étaient jusque-là formés isolément et qui semblaient même parfois s'exclure. Il semble alors qu'un ordonnateur secret ait dressé par avance un plan géné-

---

(1) Paulhan, *la Psychologie de l'invention*. Alcan.

ral de travail et de recherche, tandis qu'initiés seulement au but de leur tâche particulière, les manœuvres qu'il employa accomplissaient des labeurs divers dont la convergence ne devait apparaître que l'œuvre totale une fois achevée. Et l'on peut interpréter le phénomène par l'hypothèse d'une sensibilité maîtresse présidant, dans les régions du subconscient, aux démarches les plus contradictoires en apparence de la raison qui se motive, et contraignant parfois à se concerter en quelque accord fondamental toutes les dissonances de la dialectique. L'action d'une telle sensibilité est despotique chez Nietzsche ; elle possède un pouvoir de coordination auquel il est permis de se fier et qui garantit l'unité de l'œuvre dans ses parties essentielles. « C'est faute de pénétration que nous concilions si peu de chose, » a dit Vauvenargues en ses *Pensées* et il a formulé cette règle de probité en matière critique : « Pour décider qu'un auteur se contredit, il faut qu'il soit impossible de le concilier. » Il semble que cet avertissement doit imposer une réserve particulière lorsqu'il s'agit d'apprécier une œuvre dont l'auteur a donné les preuves d'un incontestable génie.

I

Avant de rechercher comment les divergences que l'on observe entre la philosophie de Nietzche et celle de Schopenhauer peuvent être conciliées, il convient toutefois de mettre d'abord en évidence ce qu'il y a entre elles de commun. Cette part commune est considérable et suffit à établir une parenté étroite entre ces deux grands esprits. Elle n'a pas d'ailleurs été méconnue par ceux qui se sont enquis aux sources même de l'une et l'autre pensée. M. Lichtenberger, dans son petit livre d'initiation aux idées de Nietzsche en France (1), a noté comme il convenait ces traits de ressemblance et, dans une analyse très consciencieuse des conceptions majeures du philosophe de *la Volonté de Puissance* (2), M. Vaihinger, d'autre part, a relevé très heureusement ces analogies essentielles.

De ces points communs, le plus fondamental c'est que Schopenhauer et Nietzsche tiennent la volonté pour le tout du monde. « Volonté de vivre », dit Schopenhauer; « Volonté de puissance »,

---

(1) Henri Lichtenberger, *la Philosophie de Nietzsche*. Alcan.
(2) H. Vaihinger, *Bibliothèque du Congrès international de philosophie*, Armand Collin.

rectifie Nietzsche, telle est l'essence du monde phénoménal, où il n'y a place pour aucune autre intervention.

Cette conception commune en entraîne nécessairement une seconde : les deux philosophes n'accordent à l'intelligence qu'un rôle subalterne. La volonté, objectivée dans l'organisme, est, selon Schopenhauer, « l'élément primaire et substantiel; l'intellect, au contraire, est l'élément secondaire greffé sur le premier; ce n'est même que l'instrument de la volonté, instrument plus ou moins compliqué selon les exigences de ce service (1) ». Parallèlement, Zarathoustra prononce : « Le corps créateur se créa l'esprit comme une main de sa volonté (2), » et il enseigne que le corps, avec ses instincts et ses fatalités, où se manifeste la volonté de puissance, est « un grand système de raison » auquel il oppose « la petite raison » de l'homme, c'est-à-dire l'intelligence qui, sur les injonctions de la volonté, invente ce décor de motifs par où les actes prennent un aspect humain.

De cette conception de la volonté comme le tout du monde, on peut déduire encore une commune

---

(1) Schopenhauer, *le Monde comme volonté et comme représentation*, Alcan, III, p. 16.
(2) Fr. Nietzsche, *Ainsi parlait Zarathoustra*. Société du Mercure de France, p. 47.

nécessité logique, pour Schopenhauer et pour Nietzsche, d'exclure de l'idée qu'ils se forment de l'univers toute représentation dualiste. L'activité qui s'exerce dans le monde ne reçoit pas sa loi d'un principe différent d'elle-même. Elle l'invente et se la donne au cours de son évolution. L'acte précède le décret et le fonde, le geste dessine les formes de la loi. Il n'y a pas place pour l'idée Dieu dans une semblable conception de l'être, et Schopenhauer aussi bien que Nietzsche l'en ont exclue avec soin. En opposition avec tout système dualiste, leur conception de l'Univers est expressément moniste.

Enfin, la position de Schopenhauer et celle de Nietzsche à l'égard du fait moral sont identiques. Ils nient l'un et l'autre son existence, ils repoussent, avec un commun dédain, l'hypothèse d'un libre arbitre et considèrent le monde sous l'angle d'un fatalisme absolu. « A tout moment donné, dit Schopenhauer, l'ensemble de l'état des choses est déterminé strictement et sans retour par l'état immédiatement antérieur... la conduite des hommes ne peut faire exception à la règle (1). » « L'individu, dit Nietzsche, faite partie de la fatalité, il

---

(1) Schopenhauer, *le Monde comme volonté et comme représentation*, III, p. 133.

est une loi de plus, une nécessité de plus pour tout ce qui est à venir. Lui dire : « Change ta nature » ce serait souhaiter une transformation du tout, même une transformation en arrière (1) » et il constate encore : « Je suis arrivé à la conclusion qu'il n'y a pas du tout de faits moraux (2) ». Enfin, Schopenhauer marque le caractère de sa doctrine, et aussi de celle de Nietzsche, lorsqu'il formule : « A mon sens, jamais la philosophie ne sort de la théorie : son essence, c'est de garder en face de tout objet qui s'offre à elle le rôle du simple spectateur, du chercheur : donner des préceptes n'est pas son fait (3). » Il s'agit donc ici d'un pur intellectualisme et ce trait commun, résumant les précédents — fatalisme, amoralisme — achève de classer Schopenhauer et Nietzsche dans une même et étroite famille d'esprits.

Voici entre les deux philosophes un dernier point de contact : tous deux reconnaissent l'existence dans le monde du mal et de la douleur ; mais aussitôt cesse leur accord, et, à la suite de cette constation faite en commun, leur sensibilité témoigne de réactions toutes différentes et leur impose des

---

(1) *Le Crépuscule des Idoles*, Société du Mercure de France, p. 142.
(2) *Le Crépuscule des Idoles*, Société du Mercure de France, p. 142.
(3) *Le Monde comme volonté et comme représentation*, I, p. 283.

déductions entièrement contraires. « En fait, dit Schopenhauer, on ne peut assigner d'autre but à notre existence que celui de nous apprendre qu'il vaudrait mieux pour nous ne pas exister (1) » et il prononce un verdict de condamnation contre la vie. Dans une lettre écrite à Mme Baumgarten : « Je veux avoir, dit Nietzsche, autant de peine qu'en peut avoir un homme quel qu'il soit : ce n'est que sous cette pression que j'acquiers la bonne conscience qu'il faut pour posséder quelque chose que peu d'hommes ont ou ont eu : des ailes pour parler en symbole. » Et cette confidence nous révèle le rôle assigné par Nietzsche à la douleur : il la tient pour un moyen de grandeur. Dès lors, pourquoi condamner la vie à cause de la douleur, s'il est possible à l'homme de se construire avec elle un degré vers une réalisation plus haute de lui-même ?

II

Voici donc le carrefour où les deux philosophes, qui jusqu'ici ont fait route ensemble, se séparent et suivent deux directions opposées. Mis aux prises

---

(1) *Le Monde comme volonté et comme représentation*, II, p. 417.

tous deux avec le fait de la douleur, l'un conclut à nier la vie, l'autre à l'affirmer. Ce contraste creuse-t-il donc entre les deux philosophies un abîme? Ces conclusions opposées sont-elles inconciliables? Si l'on a pénétré la conception maîtresse qui commande l'œuvre entière de Nietzsche il faut répondre non; il faut penser au contraire que ces deux conceptions adverses forment les deux arcs brisés de l'ogive qui, s'opposant, s'étaient mutuellement, tandis qu'ils reçoivent une signification supérieure de la figure qu'ils composent par leur conflit. Cette idée maîtresse de la philosophie de Nietzsche vers laquelle le dirigent toutes les pentes de son génie et toutes les analyses de sa dialectique, c'est, ainsi qu'on l'a exposé, la substitution, comme critérium philosophique, de l'idée de *puissance* à l'idée de *vérité*.

Toutes les démarches de la philosophie ancienne supposent qu'il existe un monde de l'être, un monde objectif, un monde des choses en soi; elles supposent que le monde du devenir, le nôtre, aspire à s'identifier avec ce monde de l'être et qu'il a, par conséquent, un but. Il y a donc aussi des règles fixes et précises, auxquelles les activités en voie de devenir doivent se conformer pour atteindre ce but. Posséder ces règles, connaître le chemin vers le but, voici la vérité. L'objet unique de l'ancienne philosophie fut de rechercher cette vérité. L'ayant découverte, et chaque philosophe pensa l'avoir trouvée, on évaluait toutes les choses au moyen de ce mètre. Or, Nietzsche récuse la valeur de ce principe d'évaluation. La Vérité, au sens ancien, dit-il, est une propriété du monde de l'être. Or, il n'y a pas de monde de l'être, il n'y a rien en dehors du devenir. « Si le monde avait un but, il faudrait que ce but fût atteint (1). » Il n'existe donc plus de chemin faisant aboutir le monde du devenir au monde de l'être ; il n'existe plus de critérium situé en dehors du monde du devenir et qui permette de l'apprécier ; il n'y a plus de vérité.

Toutefois, nier la vérité ce n'est que la première étape accomplie par l'esprit philosophique de Nietzsche et ce n'est pas la plus significative. A vrai dire, la science qui se proposait pour objet la recherche de la vérité a déjà fait office de se supprimer elle-même ; pratiquée au cours des siècles par des esprits supérieurs, elle s'est discréditée par le fait seul de la contradiction des systèmes, et a

(1) *La Volonté de Puissance*, II, p. 181.

abouti à confesser, avec la critique kantienne, ses antinomies. La grande originalité de Nietzsche ne consiste donc pas à avoir inventé, d'un point de vue logique, des arguments nouveaux pour détruire l'idée de vérité et fortifier le scepticisme ; elle consiste à avoir proposé, à la place de l'ancien mode d'évaluation, un mode nouveau. L'idée de vérité passait pour le seul mètre possible des choses : elle se prévalait, du fait de cette croyance, d'un caractère d'utilité exclusif. Aussi les arguments dialectiques qui la montraient illusoire ou en contradiction avec elle-même n'avaient-ils pas le pouvoir de la ruiner ; car les hommes croient contre toute évidence à ce qu'il leur est utile de croire ; c'est l'utilité, et non la raison, qui commande la foi. Mais en montrant que le mètre vérité n'était pas le seul qui permît de mesurer les choses, en proposant un autre mètre qui répondait au même besoin de l'esprit, Nietzsche a opposé, à ce poids de l'utilité qui militait en faveur du critérium ancien, un contre-poids de même nature. Il a ainsi rendu à la balance du jugement humain sa sensibilité, et, à l'argumentation logique qui ruinait la croyance ancienne, son pouvoir de persuasion.

    Nietzsche a fait davantage, car s'il a destitué la vérité de la fonction supérieure qu'elle occupait dans l'esprit des hommes, il a montré qu'elle trouvait un emploi subalterne dans les cadres d'une évaluation faite du point de vue de la puissance. Il a fait toucher les éléments réels qui, déformés dans l'imagination humaine, avaient fait croire à l'existence de la vérité ancienne. Or, à des esprits hallucinés, et qui ont vu des fantômes, ce n'est pas assez d'affirmer qu'il n'en peut exister, mais il faut leur montrer encore de quel rayon de lune, de quels lambeaux flottants fut composée l'apparition qui les dupa.

Sous quelque aspect que l'on considère les phénomènes, on n'y observe, selon Nietzsche, que des faits de puissance et des rapports de puissance. La vie est, dans le monde inorganique, une lutte perpétuelle pour la puissance ; constamment se font et se défont des centres de forces. « Non seulement, dit le philosophe, constance de l'énergie, mais maximum d'économie dans la consommation : de sorte que *le désir de devenir plus fort dans chaque* centre de force est la seule réalité (1). » « Le degré de résistance et le degré de prépondérance, c'est de cela, dit-il encore, qu'il s'agit dans tout ce qui arrive (2). » Un tel point de vue paraît inattaquable dans le monde physique. Que les divers corps

---

(1) *La Volonté de Puissance*, II, p. 71.
(2) *La Volonté de Paissance*, II, p. 69.

de la nature se repoussent, se combinent, se transforment, s'associent entre pareils et, formant ainsi des centres de forces plus considérables, « conspirent ensemble pour conquérir la puissance », c'est toujours de puissance qu'il est ici question et les vérités scientifiques ne sont autre chose que l'énoncé des rapports qui se sont noués entre les phénomènes à la suite d'un débat pour la puissance. Ces lois, ces vérités se montrent donc bien ici des succédanés du fait de puissance, et leur fixité vient de ce qu'il s'est établi entre les phénomènes de l'ordre physique des rapports hiérarchiques qui semblent ne plus devoir varier.

Or, c'est cette fixité particulière à la vérité scientifique qui induisit sans doute l'esprit humain à considérer l'idée de loi, l'idée de vérité, comme quelque chose de supérieur aux phénomènes dont elle exprime les manières d'être. Comme on voyait d'une façon habituelle le jeu des phénomènes se conformer exactement à la loi scientifique qui l'avait décrit par avance, on imagina que les phénomènes obéissaient à cette loi, on détacha l'idée de loi de sa genèse empirique, on lui constitua une royauté dans le domaine de l'abstrait et la servante devint la maîtresse. On fit de la loi, de la vérité, quelque chose d'actif, un principe indépendant, au lieu d'une conséquence passive. C'est cette inversion qui, appliquée dans le domaine des choses philosophiques et morales, eut longtemps un plein succès et s'exerça tant que dura le règne de l'ancienne conception métaphysique.

Il s'agissait, dans ce domaine de la philosophie et de la morale, de décrire des phénomènes dont la complexité est telle qu'elle ne se laisse pas exprimer en formules, en sorte qu'on en est réduit à des hypothèses qui, si elles se fondent en partie sur quelques faits d'observation, reçoivent, à vrai dire, leur forme définitive des sensibilités et des intelligences diverses dont elles émanent. Les faits observables ne nous rendent point un compte exact des origines et de la destinée du monde en général, ni de l'humanité en particulier. Les opinions qui tranchent de pareilles questions, acceptables sous bénéfice d'inventaire, dans la mesure où elles ne sont point en contradiction avec des faits observés, ne signifient donc pas autre chose que des tendances, des partis pris et des prédilections propres à des tempéraments particuliers. En voulant imposer les uns et les autres leurs conclusions, ces tempéraments luttent, en réalité, pour la suprématie. Ici comme ailleurs, il s'agit d'un débat pour la puissance. Mais, tandis que, dans l'ordre physique, ce débat semble avoir reçu une solution définitive, en sorte qu'il est possible d'en prévoir les phases et les résultats, les forces qui luttent entre elles dans l'ordre moral ne sont point parvenues à cette fixité ; la question de suprématie n'est point tranchée entre elles, elle est toujours pendante, en sorte que la réalité morale, en état de variation constante, reçoit une forme différente de chaque sensibilité qui réussit à s'imposer pour un temps.

C'est ici que se laisse surprendre la ruse des philosophes : transportant sur le terrain des idées, la conception de vérité détachée de sa genèse que les hommes ont imaginée d'après l'exemple des lois scientifiques, les philosophes ont nommé *vérité* leur parti pris. Chacun d'eux a prétendu, par des apparences dialectiques, s'emparer de la vérité unique à laquelle ils croyaient ou feignaient tous de croire, afin d'imposer, au nom de cette autorité souveraine, leur parti pris à toutes les consciences. C'est ce stratagème dont Nietzsche dévoile l'artifice dans *Par delà le bien et le mal*, où il nous donne la vérité comme un moyen détourné, employé par la Volonté de puissance en vue de dominer. Tel est le sens de cette analyse où il fixe sur ce point sa pensée : « Ce qui excite, dit-il, à considérer tous les philosophes, moitié avec défiance, moitié avec ironie, ce n'est pas qu'on découvre toujours à nouveau combien ils sont innocents, combien ils se trompent, se méprennent facilement et souvent, bref, quel est leur enfantillage, leur puérilité, mais c'est leur manque de droiture, tandis que tous ensemble mènent vertueusement grand bruit, dès que de loin seulement on effleure le problème de la véracité. Ils font tous semblant d'avoir découvert leurs opinions par le développement spontané d'une dialectique froide, pure, divinement insouciante (différents en cela des mystiques de tout rang qui, plus honnêtement qu'eux et plus lourdement, parlent d'inspiration), tandis qu'au fond une thèse anticipée, une idée, une « suggestion », le plus souvent, un souhait du cœur, abstrait et passé au crible, est défendu par eux, appuyé de motifs laborieusement cherchés : — ce sont tous des avocats qui ne veulent point de ce nom, défenseurs astucieux de leurs préjugés qu'ils baptisent vérité (1). »

Le premier, parmi les philosophes, Nietzsche n'emploie pas ce subterfuge ; le premier, parmi les philosophes, il combat pour son instinct dominant, à visage découvert. Sa philosophie est, comme les

(1) *Par delà le Bien et le Mal*. Ed. in-8° du Mercure de France, p.7.

autres, une confession personnelle ; c'est, pour mieux dire, une épopée dans laquelle il célèbre ses propres tendances ; mais bien différente en cela des autres philosophies, elle se donne pour telle. Or, par cette franchise, Nietzsche change entièrement les règles du jeu philosophique, car il nie qu'il puisse exister des philosophies en dehors de celles qui, comme la sienne, sont faites du point de vue d'un tempérament donné. Ce qui passait pour vérité dans les philosophies anciennes, c'est ce qui était utile à un tempérament donné ; le fait d'utilité, voici ce qu'il y avait de réel dans ces philosophies, voici le lambeau substantiel qui, sous le jour lunaire de la dialectique, prenait l'aspect fantômatique de la vérité. Or, ce fait d'utilité est encore l'essentiel dans la philosophie telle que la conçoit Nietzsche : mais il se produit sous son vrai nom. Il demeure l'objet principal que se propose de manifester toute philosophie de cette espèce, mais en même temps il est réduit à ne valoir que pour un tempérament donné.

Ce qui importe donc en toute philosophie, au sens nouveau du terme, c'est le tempérament en vue duquel elle est créée. C'est par rapport à ce tempérament que toutes les propositions de cette philosophie s'ordonnent ; elles ne valent que pour lui seul ou pour tous ceux du même ordre. En tant qu'elles se donnent pour des vérités, elles ne sont telles que par rapport à ce tempérament donné. C'est lui qui les détermine et les conditionne, au lieu qu'elles lui soient extérieures, à la façon de la vérité ancienne et unique qui imposait également sa loi à toutes les activités. La vérité devient la dépendance et un produit d'un tempérament donné, au lieu d'être un principe indépendant et supérieur, ayant son origine, en Dieu, selon les théologiens, et dans la logique, au gré des rationalistes. Il y a donc autant de vérités morales que de tempéraments différents, et ces vérités ne valent que par le degré de puissance des tempéraments qui les engendrent.

Voici, sous le jour de la conception de Nietzsche, une inversion complète dans la hiérarchie des valeurs et qui modifie entièrement l'objet de la dialectique. Entre deux propositions qui se donnent pour des vérités et s'opposent l'une à l'autre, il n'y a plus à rechercher laquelle est universellement vraie et laquelle est mensongère, mais il faut remonter au tempérament distinct dont chacune d'elles émane et prendre parti pour l'un ou l'autre de ces modes d'activités, au gré de ses propres affinités. Le débat se trouve ainsi ramené à ses véritables proportions : il s'agit d'une compétition entre deux sensibilités dont la lutte dialectique en vue de mettre la vérité d'un seul côté masquait le caractère réel.

Nietzsche a usé de cette nouvelle méthode de raisonnement pour démontrer que, le problème de la valeur absolue de la vie n'ayant pas d'objet, les solutions qui en avaient été données, en quelque sens d'ailleurs qu'elles eussent été formulées, étaient nécessairement dépourvues de sens. « On a opposé, dit-il, deux façons de penser (optimisme, pessimisme) comme si elles avaient à lutter l'une contre l'autre pour la cause de la vérité, tandis qu'elles ne sont toutes deux que des symptômes de conditions particulières, tandis que la lutte à quoi elles se livrent ne démontre que l'existence du problème cardinal, de la vie et nullement d'un problème pour philosophes. Où appartenons-nous (1) ? » Où appartenons-nous, c'est-à-dire dans quel camp devons-nous nous ranger ? A la vie qui s'offre à nous, avec la somme de joies et de douleurs qu'elle comporte, que répondrons-nous ? Un oui ou un non ? Quel est le degré, quelle est la qualité de notre sensibilité ? Quelle est la force de

(1) *La Volonté de Puissance*, I, 93.

notre réaction contre la douleur ? La ressentons-nous comme un mal que nous ne pouvons dominer et qui humilie notre instinct de puissance, ou comme un obstacle à surmonter et qui va nous donner le spectacle de notre force ? Car voilà dans quel sens la douleur peut être une pierre de touche et peut nous servir à distinguer deux espèces de types humains.

Quant à arguer du fait de la douleur pour apprécier la valeur de la vie, d'un point de vue métaphysique, prononcer : « La somme de déplaisir l'emporte sur la somme de plaisir : par conséquent la non-existence du monde vaudrait mieux que son existence... Le monde est quelque chose qui raisonnablement ne devrait pas exister parce qu'il occasionne au sujet sensible plus de déplaisir que de plaisir (1), » c'est là, selon Nietzsche, un bavardage, dont les conclusions n'ont aucune valeur générale et qui est seulement symptomatique de l'état de profond affaiblissement vital de celui qui s'y abandonne. « Evaluer l'être lui-même, » dit-il dans une note où, sous l'obscurité de la formule ébauchée, nous pouvons saisir pourtant les racines mêmes de sa pensée, « mais cette évaluation fait encore partie de l'être — et, en disant non,

(1) *La Volonté de Puissance*, II, 95.

nous faisons encore ce que nous *sommes* (1). » C'est-à-dire, en évaluant, nous apportons nous-mêmes, avec la qualité relative et particulière de notre sensibilité, la conditon qui détermine notre évaluation. C'est en quoi il ne s'agit pas là d'un problème pour philosophes recherchant la Vérité, à savoir, en l'espèce, si la vie est bonne ou mauvaise, mais d'une démarche même de la vie se manifestant faible ou vigoureuse. En niant la bonté de la vie à cause du fait de la douleur, j'exprime seulement que « j'ai le sentiment de ne pouvoir résister et me rendre maître ». Et si, aux prises avec la douleur, j'affirme la bonté de la vie, j'exprime seulement que je sens en moi la force de surmonter la douleur, en sorte que la douleur me procure le sentiment de ma puissance. C'est ainsi qu'avec mon pouvoir de surmonter la douleur ou mon impuissance à le faire, j'ajoute moi-même, à la chose que je considère la couleur qui est l'objet de mon évaluation. Mon jugement n'est pas une opération logique, c'est proprement un acte.

Les arguments par lesquels Nietzsche combat la

(1) *La Volonté de Puissance*, II, 94.

philosophie de Schopenhauer reposent donc sur une évaluation des faits plaisir et déplaisir pratiquée au moyen du nouveau mètre, l'idée de puissance, substitué à l'ancien mètre, l'idée de vérité. Le plaisir et la douleur sont des conséquences de l'état du sujet qui les éprouve; ils nous renseignent seulement sur cet état, ce sont des symptômes qui nous révèlent la force ou la faiblesse du sujet, c'est à-dire ses rapports avec le fait de la puissance. Ils ne signifient quoi que ce soit par rapport à la valeur générale de la vie. La critique que Nietzsche institue ici à l'encontre du pessimisme peut donc être utilisée aussi bien contre l'optimisme. On a vu que Nietzsche en tombe d'accord, on a vu que de telles doctrines agitent selon lui des questions qui n'ont pas à être posées, qu'il n'y a pas à se demander ni à décider si la vie est en soi bonne ou mauvaise.

Toutefois un jugement général sur la vie ne peut être évité, c'est celui qui constate qu'elle est. Or si l'on tombe d'accord avec Nietzsche : qu'elle est aussi partout volonté de puissance, il faut accorder que, tout ce qui existe luttant continuellement en vue de dominer, le fait que la puissance augmente ici, nécessite le fait qu'elle diminue ailleurs en sorte qu'il y a dans la vie des états de croissance et des états de déclin. Le philosophe qui, comme Nietzsche, se classe parmi ceux qui disent oui à la vie, est donc contraint de vouloir ces états de déclin qui sont le prix et le moyen des états de grandeur. Il y a plus, et du point de vue de son amour partial de la grandeur de la vie, il va désirer même que tout ce qui décline se désagrège et se hâte vers sa fin pour céder ses parcelles élémentaires à des synthèses plus heureuses. Il apparaît alors que si, du point de vue de l'idée de vérité, il était impossible de concilier le parti pris de Schopenhauer avec celui de Nietzsche, une telle conciliation s'impose dès que l'on prend pour principe d'évaluation l'idée de puissance telle que Nietzsche l'a conçue.

III

On vient d'exposer la conception qui domine toute la philosophie de Nietzsche et en constitue la profonde originalité : on a montré comment l'idée de Vérité, considérée par le philosophe sous un jour nouveau, a été dépossédée du rôle de première importance que la métaphysique ancienne lui avait jusqu'alors attribué. La Vérité perd, a-t-on dit, avec Nietzsche, sa valeur de critérium universel; au lieu d'être tenue pour un principe souverain, extérieur aux activités et leur fixant une loi unique, elle devient au contraire un produit, une conséquence et une dépendance de ces activités, impliquant comme elles et à leur suite diversité et changement.

A travers ces perspectives nouvelles, on va préciser quelles sont les tendances métaphysiques et morales qui s'expriment dans la philosophie de Schopenhauer et dans celle de Nietzsche, non plus pour les opposer comme deux solutions contradictoires d'un problème qui comporterait une solution unique, mais pour déterminer dans quelles limites, dans quel domaine, chacune de ces solutions est valable et quels rapports elles soutiennent entre elles. Mais tout d'abord quel sens convient-il d'accorder à ces termes, une *morale*, une *métaphysique*, d'un point de vue qui supprime l'idée d'une vérité en soi ?

Qu'est-ce, d'abord, qu'une morale ? Retranchée l'idée d'une loi fixant du dehors à quelque activité les règles de sa conduite, une morale, dira-t-on, c'est ce qui est, pour une activité donnée, une attitude d'utilité. A la question : qu'est-ce qui est vrai en soi par rapport au bien et au mal, cette autre question se voit substituée : qu'est-ce qui est utile à une activité donnée ? Et comme, pour ne point trahir la pensée de Nietzsche, il faut réduire la notion d'utilité à celle de puissance, est bon, devra-t-on prononcer, ce qui est de nature à augmenter la puissance d'une activité donnée, est mauvais ce qui est de nature à diminuer cette puissance : la morale est l'ensemble des préceptes qui enseignent ce qui est bon et mauvais *pour une activité donnée*. Le principe de la morale se montre ainsi intérieur à l'activité à laquelle la morale va par la suite s'appliquer. Ce qui est primordial dans une morale, ainsi qu'on l'a noté, c'est le tempérament qui la fonde, un tempérament déterminé, pourvu de tendances originales et auquel certaines manières d'être ont réussi pour se développer et se fortifier. L'ensemble de ces manières d'être, s'il est résumé en formules impératives, constitue par la suite, pour tous les tempéraments de même nature, un point d'appui et un principe de suggestion bienfaisant. « Toute morale est la formule d'un tempérament qui a prévalu (1), » disait-on en parallélisme avec la conception de Nietzsche dans une *Introduction à la Vie intellectuelle* ébauchée naguère (1), et M. Henri Albert, résumant dans une brochure la

---

(1) *Revue Blanche*, du 1ᵉʳ mai 1896.

pensée du philosophe, définissait la morale « la formule biologique de l'homme (1) ».

Une morale valable c'est donc le récit d'une expérience qui a réussi à un individu isolé, avec l'exposé des moyens qui procurèrent le succès de l'aventure. Une objection toutefois se présente ici : la philosophie de Nietzsche ne met pas seulement à néant l'idée d'une vérité universelle, mais, d'accord avec celle de Schopenhauer, elle nie encore qu'un libre arbitre soit possible. Quelle peut donc être, demandera-t-on, l'utilité de ce récit d'une expérience qui a réussi, si ceux qui le recueillent ne sont pas maîtres d'en tirer parti pour eux-mêmes ? Ils ne sont pas maîtres, il est vrai, d'en profiter si leur physiologie s'y oppose, mais ils ne sont pas maîtres davantage de se soustraire à son influence sous certaines conditions. Le déterminisme d'un individu résulte du fait de ses tendances combiné avec l'action du monde extérieur qui favorise ou contrarie ces tendances. Une morale, au sens où l'on entend ici ce terme, agira donc, à titre de circonstance extérieure sur une physiologie donnée, elle entrera dans son déterminisme total. Elle sera, pour un être, un principe de suggestion, le contraindra à se concevoir autre qu'il n'est actuelle-

(1) *Les Dangers du moralisme.* Extraits du *Centaure*, vol. II, 1896.

ment. Or, elle contribuera de la sorte à le soulever au-dessus de sa réalité actuelle vers une réalité supérieure, si l'exemple qu'elle lui propose est en harmonie avec des virtualités dont l'éclosion, possible seulement, eût pu être aussi bien entravée par une image contraire.

La morale de Nietzsche est bien exactement le récit d'une aventure personnelle. C'est, à l'occasion d'une maladie qu'il a réussi à guérir, l'exposé du traitement qu'il institua lui-même et qui lui fut efficace. Cette philosophie est donc une attitude de malade : mais c'est là précisément le propre de toute philosophie. L'homme, dans la mesure où il est absolument sain, ne philosophe pas. Il vit de la même façon dont M. Jourdain faisait de la prose et sans se demander : « Comment vivre ? » Toute philosophie, au contraire, est l'aveu d'un malaise, elle exprime l'inquiétude du « Pourquoi vivre ? » et du « Comment vivre ? » et prétend être une réponse à ces deux questions. Elle est proprement un traitement institué à l'encontre d'une maladie, elle formule la réaction d'une sensibilité particulière contre une souffrance, et pour Nietzsche qui a éliminé, comme une démarche illusoire, la recherche de la vérité, ce fait de proposer un traitement contre une maladie constitue l'essentiel d'une philosophie, circonscrit tout ce qu'il y a en elle de légitime. Or, parmi les malades, il en est de deux sortes : les uns sont destinés à recouvrer la santé, les autres à périr. Nietzsche reconnaît l'existence de ces deux classes de malades, et sa morale est faite expressément en vue de ceux de la première catégorie. Elle n'est point *la* morale : à vouloir lui donner cette extension, on lui retire toute valeur, on lui confère un sens contre lequel proteste toute la pensée du philosophe. Elle est *une* morale particulière en vue d'une catégorie déterminée. On sait que si le fait de la douleur n'a aux yeux de Nietzsche aucune valeur propre à déprécier la vie, le rapport qui existe, en tout individu, entre la quantité de douleur qui l'assaille et le degré de résistance qu'il peut opposer, décide de la classe à laquelle il appartient. Sa morale est faite en vue de ceux dont le pouvoir de réaction, quelle que soit la somme des calamités qui les menacent, est supérieur à cet assaut, pour qui ces attaques vont être en conséquence un moyen d'augmenter la conscience de leur force. La morale de Schopenhauer s'adresse à ceux de la catégorie adverse et les deux morales, complémentaires l'une de l'autre, l'une glorifiant, l'autre flétrissant la vie, ne sont rien autre chose que des appareils de suggestion.

Ceci est typique chez Nietzsche : c'est de l'état le plus propre en apparence à imposer à l'esprit une appréciation défavorable à la vie qu'il invente pour son propre usage, et en guise de traitement, cet appareil de suggestion en faveur de la vie, en quoi consiste sa morale. Les deux avant-propos composés en 1886 pour *le Voyageur et son Ombre* contiennent l'aveu d'un état antérieur de maladie aiguë et de profonde dépression. Le mal physique, occasionnant jusqu'à des incapacités presque absolues de travail, était venu s'ajouter, de la façon la plus pénible, à cette circonstance d'une sensibilité préparée par la culture chrétienne d'abord, par Schopenhauer éducateur, ensuite aux attitudes de renoncement, aux jugements pessimistes sur la vie. Aussi le fait d'avoir formulé, sous le poids de semblables conditions, une méthode propre à faire aimer la vie, doit-il être tenu pour un argument en faveur de l'efficacité de cette méthode ; car elle a fait ici ses preuves, elle a triomphé d'un cas extrême et qui pouvait sembler désespéré. L'expérience accomplie par le philosophe sur lui-même est, à ce titre, la plus belle démonstration du pouvoir qu'a l'homme de se transformer dans le sens de la représentation qu'il se fait de lui-même, c'est-à-dire qu'elle témoigne de la prodigieuse élasticité que comporte parfois la nature humaine. On peut penser, en ce qui touche à Nietzsche, que l'excès même du mal qui l'accablait, lui en présentant tous les symptômes avec un énorme relief, rendait plus aisé, pour un tempérament d'ailleurs héroïque, doublé d'une intelligence critique, l'exercice de l'analyse et de l'observation. Il devait être si porté, semble-t-il, par les circonstances particulières où il était placé, à condamner l'existence, que les motifs intéressés d'un tel jugement lui apparurent en pleine clarté et le décidèrent à mettre en doute la valeur d'un verdict aussi partial. Toujours est-il que c'est à l'époque de la dépression physiologique la plus accablante, qu'il formula cette remarque décisive dont il se fit un tremplin pour son élan vers la santé; c'est alors qu'il conçut que les jugements portés sur la vie ne prouvent rien contre la vie ou en sa faveur, mais qu'ils décèlent seulement l'état de richesse ou de misère physiologique de celui qui les porte. Ayant donc compris que toutes ses appréciations de valeurs étaient déterminées par la maladie de la sensibilité à laquelle il était en proie, il donna tort résolûment à ces appréciations, il les condamna du point de vue de la santé. « Je pris alors, et non sans colère, dit-il, parti contre moi-même et pour tout ce qui justement me faisait mal et m'était pénible. J'appris l'art de me donner comme joyeux, objectif, curieux et, avant tout, bien portant et méchant — c'est là, me semble-t-il, de bon goût chez un malade (1). » Il se força, « médecin et malade tout à la fois », à un climat de l'âme contraire à son âme ancienne, et, pour se mettre en garde contre ses penchants de malade, il se prescrivit la règle de maintenir dans son esprit « la reconnaissance à l'égard de la vie », de faire dominer « une volonté qui s'est imposé la tâche de défendre la vie contre la douleur, et d'extirper toutes les conclusions qui naissent, comme des champignons vénéneux, sur le sol de la douleur, de la déception, du dégoût, de l'esseulement et d'autres terrains marécageux (2) ».

Or, Nietzsche nous apprend que cet effort de son imagination pour déplacer sa sensibilité aboutit. Il parvint à se réaliser tel qu'il s'était conçu, à imiter « cette ruse de serpent qui consiste à changer de peau ». Il fit en sorte que les jugements sur la vie, qu'il se contraignait à émettre, en contradiction avec les postulats de sa sensibilité immédiate, modifièrent cette sensibilité et lui en créèrent une

---

(1) *Le Voyageur et son Ombre*. Société du Mercure de France, p. 14.
(2) *Le Voyageur et son Ombre*, p. 14.

nouvelle, celle-là même qui correspondait à ses jugements de parti pris. Cet effort pour se concevoir et se réaliser autre qu'il n'était, les règles d'hygiène mentale qu'il se prescrivit pour atteindre un tel but, voici ce qui constitue toute la morale de Nietzsche. « Devenez durs, » recommande Zarathoustra à ses disciples et on ne saurait nier qu'un tel conseil ne soit utile à ceux à qui il est proposé. Le « *devenez durs* » nous indique assez qu'il ne s'adresse pas à des barbares dont la férocité instinctive a besoin d'être refrénée, mais à des êtres qu'une civilisation trop douce a amollis à l'excès, chez qui toute combativité, tout pouvoir de réaction, sont près de disparaître. De telles sensibilités existent et, parmi elles, il en est aussi chez lesquelles se rencontre, à quelque degré, ce pouvoir de réaction contre leur propre faiblesse qui s'exerça chez Nietzsche d'une façon si typique. C'est à celles-ci que se recommandent, comme une hygiène mentale admirablement appropriée, les prescriptions de Zarathoustra. C'est pour celles-ci qu'elles sont une morale.

Cette morale de la dureté envers soi-même comporte un corollaire. De cet état d'extrême dépression auquel il atteignit, Nietzsche a tiré un enseignement ; il sait que la vie, bonne pour les forts, est douloureuse pour ceux à qui un défaut de puissance interdit de réagir contre la peine et qui s'acheminent vers leur déclin. Toute sa pitié le contraint donc de souhaiter que la route soit abrégée qui les mène à leur fin. D'autre part, on a indiqué déjà qu'une autre considération l'induisait également aux mêmes conclusions : si la vie n'est en soi ni bonne, ni mauvaise, elle est ce que la font ceux qui l'évaluent; elle sera donc d'autant plus belle et d'autant meilleure qu'elle sera exaltée par un plus grand nombre d'êtres pourvus de ce sentiment de puissance qui la leur fait ressentir comme une joie, elle sera d'autant plus belle et d'autant meilleure que seront plus vite éliminés ceux qui, la ressentant comme une peine, la déprécient par l'accent de leur plainte et répandent sur elle la couleur de leur tristesse. L'amour des hautes formes de l'existence est donc ici d'accord, chez Nietzsche, avec sa pitié pour instituer, à côté de la méthode propre à relever le ton vital, chez des malades capables encore d'un retour à la santé, une méthode propre à pousser hors de la vie, par les moyens les plus prompts, les incurables, ceux chez qui les forces en déclin engendrent un état de souffrance et suscitent ces jugements qui calomnient la vie.

Cette morale de la dureté, efficace à l'égard des

premiers, en guise de stimulant, va être aussi, à l'égard des seconds, un moyen d'élimination. Moyen de faire cesser la souffrance, elle sera en même temps un moyen d'assainir la vie, en retranchant toute cette part grangrenée d'elle-même, qui menaçait de la corrompre. « O mes frères, suis-je donc cruel, demande Zarathoustra ; mais ce qui tombe je vous dis encore de le pousser (1). » Mais plutôt, qu'ils se suppriment eux-mêmes, tous ceux dont la vie se retire, qu'ils suivent le chemin de leur déclin. S'il y a une route vers la hauteur, il y en a une aussi vers l'abîme, et l'une et l'autre voie sont également légitimes, car « la défection, selon Nietzsche, la décomposition, le déchet n'ont rien qui soit condamnable en soi-même ; ils ne sont que la conséquence nécessaire de la vie, de l'augmentation vitale. Le phénomène de décadence est aussi nécessaire que l'épanouissement et le progrès de la vie, nous ne possédons pas le moyen de supprimer ce phénomène. Bien au contraire, la raison exige de lui laisser ses droits (2). » Et appliquant un de ses thèmes de prédilection selon lequel toutes les bonnes choses se suppriment elles-mêmes, par l'exagération et la

---

(1) *Ainsi parlait Zarathoustra*, p. 303.
(2) *La Volonté de Puissance*, I, 110.

persistance, parmi des circonstances modifiées, des vertus mêmes qui naguère assurèrent leur triomphe, il salue, de chaudes paroles de louange, par la bouche de Zarathoustra, ceux qui se hâtent noblement vers leur fin en persévérant dans la voie qu'ils ont une fois choisie : « J'aime celui qui aime sa vertu, car la vertu est une volonté de déclin et une flèche de désir... J'aime celui qui a honte de voir le dé tomber en sa faveur et qui demande alors : suis-je donc un faux joueur? Car il veut périr... J'aime celui dont l'âme est profonde même dans la blessure, celui qu'une petite aventure peut faire périr, car ainsi volontiers il passera le pont (1). »

C'est de ce même point de vue, selon lequel les états de déclin sont la conséquence nécessaire de l'augmentation vitale, que Nietzsche est amené à prôner le suicide comme une solution naturelle et dont l'emploi devrait être conseillé. C'est ici encore sa conception de l'auto-suppression qui justifie son point de vue : il demande que le nihilisme, où il voit les causes de l'abaissement actuel de la vie, se supprime lui-même en s'exagérant jusqu'à ses conséquences logiques. « Rien, dit-il, ne serait plus

---

(1) *Ainsi parlait Zarathoustra*, p. 15.

utile et ne devrait être autant encouragé qu'un nihilisme de l'action avec toutes ses conséquences. De même que je comprends tous les phénomènes du christianisme, du pessimisme, de même je les exprime. « Nous sommes mûrs pour ne pas être, pour nous il est raisonnable de ne pas être » ... Quels moyens faudrait-il employer pour réaliser une forme sévère du grand nihilisme contagieux, une forme qui enseignerait et exercerait la mort volontaire avec une minutie vraiment scientifique (1)... »

Née d'un état de sensibilité qui prend parti pour la grandeur de la vie, la conception générale de Nietzsche implique, en effet, à côté d'un principe de suggestion propre à exalter l'ardeur de vivre chez les forts, un principe de suggestion opposé à l'usage des faibles et des dégénérés. Ce qui est faible, ce qui souffre, doit disparaître, doit employer ce qui lui reste de puissance à se supprimer soi-même. Si la puissance est ce qui fait le prix de la vie, le fait d'avoir perdu la puissance est la pire calamité : il n'est d'autre remède applicable à cet état qu'un mort prompte. Dans la nature, d'ailleurs, il en va ainsi, d'une façon pour ainsi dire mécani-

1) *La Volonté de Puissance*, p. 200.

que, et toute chose qui ne parvient pas à maintenir associées, selon le lien d'une hiérarchie, les parties qui la composent, se voit désagrégée par les forces adverses ; elle cesse d'être sous la forme qu'elle avait réussi à conquérir et ses éléments épars sont accaparés par des formes dominatrices.

Ce processus de désagrégation qui s'accomplit mécaniquement dans le monde physique, la philosophie de Schopenhauer en est l'expression adéquate, sous le jour de la conscience ; elle est excellemment une attitude pour mourir, elle est, pour ceux qui doivent disparaître le principe de suggestion le plus propre à leur faire désirer ce qui doit fatalement arriver, à les mettre d'accord avec leur destinée. « La vie n'est que souffrance, disent d'autres, et ils ne mentent pas. Faites donc en sorte que vous cessiez d'être. Faites donc cesser la vie qui n'est que souffrance. » La philosophie de Schopenhauer donne satisfaction à cette injonction de Zarathoustra. Elle est la voix qui prêche la mort, or « le monde est plein, dit Zarathoustra, de ceux à qui il faut prêcher la mort (1) ».

Il est, à vrai dire, presque impossible de traiter de la morale de Schopenhauer sans invoquer sa

---

(1) *Ainsi parlait Zarathoustra*, p. 63.

métaphysique, car l'une se réclame expressément de l'autre et tente de s'en fortifier. Cette métaphysique se fonde, comme on sait, sur la théorie de la Maïa : le monde des phénomènes y est tenu pour une hallucination fomentée par le désir, en sorte que l'abolition du désir entraîne la suppression des phénomènes. « Retire ton désir des choses, afin que cesse la vie phénoménale qui n'est que douleur. » Ainsi s'énonce l'impératif moral issu de cette métaphysique. On voit toutefois qu'il ne saurait valoir également pour tous et que ceux-là seuls seront enclins à l'accueillir, dont la sensibilité déprimée ressent la vie comme une douleur. Ne pouvant changer le monde, ils changeront leur volonté ; ne pouvant réaliser leur désir, ils le retireront des choses. Mais ceux de l'autre catégorie continueront d'employer leur énergie à soumettre les choses à leur désir.

Schopenhauer ne l'ignore point et il fait place à cette alternative. De son point de vue, ainsi que du point de vue hindou, l'acte intellectuel, par lequel l'individu prend conscience du caractère illusoire des apparences phénoménales, ne détermine pas nécessairement l'acte de renoncement par lequel il retire son désir des choses. Cet acte de renoncement est dépendant de l'attitude d'affirmation ou de négation qu'adopte, en un être déterminé, la Volonté prise comme chose en soi. La Volonté vient-elle à se nier, l'être qui est en quelque sorte le théâtre de ce revirement cesse d'appliquer son désir à des objets qu'il sait désormais irréels et une telle attitude engendre les vertus que l'on a coutume de rattacher à la doctrine de Schopenhauer, la mansuétude, l'abnégation, et cette religion de la pitié que la sentimentalité contemporaine à mise si fort en honneur (2). Au contraire, la divulgation de l'irréalité du monde s'accomplit-elle en un être chez lequel la Volonté persiste à s'affirmer et le miracle sera suivi d'un effet tout opposé à celui que l'on vient de décrire : à connaître ce qu'il y a d'irréel dans la douleur ainsi que dans la joie, celui-ci va cesser de s'émouvoir à la vue de la souffrance, il va se passionner, comme à un spectacle, aux alternatives que composent, sur le motif du désir, la joie et la douleur humaines.

Schopenhauer lui-même, avec une entière sincé-

---

(1) Il faut noter toutefois que ces vertus sont seulement une conséquence de l'absence de désir et qu'elles sont purement négatives : des hommes, cessant de désirer les choses, cesseront de lutter entre eux pour leur possession, ils n'auront plus de raison de se haïr et de s'envier ; mais c'est par une déformation complète de la doctrine que l'on pourrait imaginer qu'ils éprouveront les uns pour les autres des sentiments actifs de sympathie et de fraternité, incompatibles avec la conscience de leur commune irréalité.

rité intellectuelle, a pris soin d'exposer sous nos yeux cette éventualité. Il l'a illustrée de cet épisode des livres hindous où le jeune Ardjouna nourrisson de Krishna, en présence de deux armées prêtes au combat, « pris, dit Schopenhauer, d'une tristesse qui fait penser à celle de Xerxès, sent le cœur lui manquer et va quitter la lutte pour sauver de la mort tant de milliers d'hommes. Alors, selon le récit du Baghavat Gita, Krishna l'amène à cet état de l'esprit (et il s'agit ici de cette connaissance parfaite au regard de laquelle tous les phénomènes, y compris la vie et la mort, se montrent autant d'illusions sans consistance), dès lors ces milliers de morts ne le retiennent plus : il donne le signal de la bataille (1). »

Ainsi ce qui demeure positif, dans la doctrine morale de Schopenhauer, c'est l'état de sensibilité qui l'a engendrée. Pour décider sur quels tempéraments cette morale peut exercer son empire, il faut définir quels tempéraments l'ont commandée. Nietzsche procède en physicien : il recherche, en toute activité, si la quantité d'énergie qu'elle implique l'emporte sur la quantité de douleur qu'elle doit surmonter ou lui est inférieure. Schopenhauer

---

(1) *Le Monde comme volonté et comme représentation*, I, p. 297.

procède en métaphysicien, mais aboutit au même problème : la Volonté s'affirme-t-elle ou se nie-t-elle en un individu donné ? C'est à l'égard seulement des êtres chez lesquels elle se nie que sa morale pourra agir à titre de suggestion efficace : or ceux-ci ce sont précisément les mêmes chez lesquels le rapport physique dont Nietzsche a posé les termes se solde au détriment de l'énergie. Ce sont ceux que Zarathoustra abandonne aux prédicateurs de la mort.

IV

On a précisé ce que peut être une morale, abstraction faite de l'idée d'une vérité générale, fixant un but à la conduite, aussi bien que de toute créance consentie à l'idée d'un libre arbitre : l'aveu et la glorification par une activité donnée de ses tendances essentielles, avec l'exposé des moyens les plus propres à les réaliser, sous ce jour, un principe de suggestion, à l'égard d'autres activités, les incitant à se modifier, — à leur avantage ou à leur détriment,— selon qu'elle peut être pour elles, soit une cause d'unification et de convergence, soit une cause de désordre et de dissociation.

Du même point de vue positif, qu'est-ce qu'une métaphysique ? Une hypothèse sur l'Univers composée en harmonie avec le vœu de cette même activité, — quelle qu'elle soit d'ailleurs, — qui fonda une morale. Son rôle est de légitimer, par le but qu'elle assigne au tout, les tendances et les aptitudes de l'activité particulière dont elle émane. Elle est ainsi le dernier état d'une activité qui, s'étant affirmée dans la morale, se justifie par des motifs et construit le monde pour son usage.

En fait il est arrivé jusqu'ici, et il arrivera sans doute encore qu'une telle hypothèse se donne pour une Vérité universelle. Mais la tendance qui parviendra à cette affirmation témoignera par là de sa puissance, elle n'établira pas, au regard d'une philosophie purement intellectuelle, que sa prétention soit fondée : elle montrera une fois de plus la généalogie de l'idée d'une vérité universelle, elle la fera apparaître comme le produit du désir, exaspéré jusqu'à la croyance, au lieu qu'elle soit ce pour quoi elle se donne, l'objet naturel et prédestiné de la croyance, existant en soi et s'imposant du dehors.

A demeurer dans les cadres de la définition que l'on vient de proposer, il apparaît que l'hypothèse métaphysique de Nietzsche et celle de Schopenhauer sont, l'une et l'autre, parfaitement propres à satisfaire les tempéraments différents auxquels elles se proposent. La philosophie de Schopenhauer interprète le vœu d'une activité impuissante à percevoir la vie autrement que comme une souffrance. En guise de morale, elle conseille à cette activité l'attitude du renoncement. Or, pour justifier ce renoncement et le glorifier, voici que, du point de vue métaphysique, elle condamne le monde comme un hasard malchanceux, qu'elle le donne comme un phénomène illusoire, comme un jeu de la Maïa, comme une lanterne magique dont le feu du désir, tant que nous l'entretenons en nous-mêmes, éclaire seul et suscite les scènes diverses, comme une hallucination dont notre propre ardeur est la cause et la dupe. Dès lors ce devient une supériorité d'échapper à cette duperie : l'être destiné à succomber dans la lutte phénoménale peut disparaître, transfiguré par cette lueur métaphysique, avec le sourire triomphal de l'initié. La métaphysique de Schopenhauer est donc bien, pour une pareille sensibilité et pour toutes celles de cette nature, une attitude d'utilité, une interprétation efficace de l'univers. Elle est, sous le jour de la conscience, la justification motivée d'une tendance physiologique.

Contrairement à la précédente, la philosophie de

Nietzsche émane, ainsi qu'on l'a montré, d'une activité qui se heurte, comme l'autre, au fait de la douleur, mais chez qui cette rencontre développe et fait surgir un surcroît de force, en sorte qu'elle est en définitive une occasion de triomphe. Loin de répudier la vie à cause de la douleur, une activité de cette nature va à cause de la douleur l'aimer davantage. Or, c'est à cette activité avide de vivre que Nietzsche offre l'hypothèse du Retour éternel : l'ensemble du monde déterminé d'une façon inexorable par des séries de causes et d'effets, qui, formant un cercle, s'engendrent sans fin les unes les autres, la vie se jurant « la fidélité de l'anneau », en sorte que chaque être revient éternellement prendre conscience de lui-même, parmi des circonstances, non pas pareilles, mais identiques, en sorte qu'il n'est, à vrai dire, pour chaque être, qu'un éternel présent. L'idée même du retour éternel a sa place dans ce mouvement sans fin de causes tournant en cercle. Elle fait elle-même partie de la fatalité de l'univers et Zarathoustra, alors qu'il l'évoque des profondeurs de sa pensée, sait qu'il reviendra lui-même éternellement sur cette même terre, sous ce même soleil, pour annoncer aux mêmes hommes l'éternel retour de toutes choses. Or, cette pensée du Retour, selon la conception de Nietzsche, « c'est la pensée qui donnera à beaucoup d'hommes le droit de se supprimer », c'est, « la grande pensée sélectrice » (1), faite pour hâter les décompositions, pour pousser vers l'abîme tout ce qui tremble et chancelle, pour purifier la vie de tout élément morbide et préparer les renaissances. Car voici que chaque homme revient toujours, le grand comme le petit, avec ses joies et ses douleurs, et ses hontes individuelles : c'est sur cette image de lui-même, invariable et incommutable, que chaque homme doit se décider en faveur de la vie ou contre elle, c'est sa propre existence actuelle, sans espoir de le voir changer, en bien ou en mal, qu'il doit accueillir, s'il est un affirmateur de la vie à la façon de Zarathoustra, c'est cette existence multipliée à l'infini et rendue plus intolérable, par l'idée du Retour, qu'il va fuir loin du jour de la conscience, s'il la ressent comme une douleur.

On ne discutera pas ici la valeur de cette hypothèse au point de vue de la construction logique qui la supporte. On constatera seulement qu'elle est admirablement appropriée au vœu des sensibilités auxquelles elle se propose. Etant, par son seul énoncé, une épreuve par laquelle sont éliminées toutes les sensibilités opposées, la promesse du

---

(1) *La Volonté de Puissance*, II, p. 179.

Retour s'adresse à ceux-là seuls qui, parfaitement adaptés aux conditions de la vie, goûtent à posséder la vie une joie supérieure à toutes les peines. Elle est pour ceux-ci un principe d'exaltation : en harmonie avec le vœu de leur désir, elle fortifie, par la fonction qu'elle assigne à l'univers de se répéter éternellement semblable à lui-même, leur joie immédiate de vivre.

Ainsi la volonté selon Schopenhauer a le pouvoir d'abolir la vie en la niant. La vie selon Nietzsche revient éternellement, toujours semblable à elle-même. Entre ces deux hypothèses métaphysiques, y a-t-il donc contradiction? Non, pour qui a entièrement pénétré les analyses de Nietzsche touchant l'idée de vérité. La vérité, selon Nietzsche, est, on se le rappelle, l'expression dernière et triomphante de la croyance, la croyance est elle-même la conséquence du désir ; elle formule le vœu secret d'un tempérament donné. Il ne peut donc exister de contradiction logique entre deux vérités qui relèvent de tempéraments différents. Elles ne sont justiciables que de leur appropriation plus ou moins parfaite aux états de sensibilité en vue desquels elles ont été imaginées. Elles ne sont des vérités que sous le jour de cette appropriation, par la vertu du lien qui les attache à ces états sensibles.

Elles ne peuvent en être détachées pour être opposées, l'une à l'autre du point de vue d'une activité absolue qui échappe à nos prises.

Il y a plus : on a montré déjà qu'en ce qui touche aux tendances morales, les deux points de vue opposés de Schopenhauer et de Nietzsche se voient conciliés par l'idée la plus générale de la philosophie de Nietzsche, par l'idée de la Volonté de puissance appliquée à la représentation de l'Univers. Or, si l'on considère qu'une hypothèse métaphysique n'est autre chose elle-même que l'expression des tendances morales se motivant sous le jour de la conscience, donnant à l'univers un sens par où leur activité propre est justifiée, il apparaît que la coexistence des deux morales de Schopenhauer et de Nietzsche, s'impliquant l'une l'autre, nécessite la coexistence des deux métaphysiques. La conception de la Volonté de puissance supposant une lutte éternelle entre les choses suppose du même coup, ainsi qu'on l'a noté, des triomphes et des défaites, des états de croissance et des états de déclin, des attitudes pour mourir aussi bien que des attitudes pour vivre et s'accroître. Nietzsche, on le sait, a reconnu la légitimité de ces attitudes pour mourir et la philosophie du suicide forme un chapitre de sa morale. On ne saurait donc penser qu'il ait refusé à ceux qui doivent mourir le bénéfice d'une métaphysique, qu'il ait interdit à une tendance humaine de s'exprimer, de se faire une bonne conscience et de se glorifier en un paysage de motifs appropriés.

Il existe, en somme, dans la philosophie de Nietzsche, et on ne la peut apprécier équitablement que si l'on précise cette distinction, deux points de vue, — dont l'un beaucoup plus général que l'autre, — auxquels il s'est placé tour à tour pour construire sa pensée. L'un de ces points de vue embrasse l'horizon d'une sensibilité en quelque sorte intellectuelle : c'est celui qui s'est exprimé en la substitution, comme mode d'évaluation des phénomènes, de l'idée de puissance à l'idée de vérité. Cette conception du monde comme volonté de puissance implique un double mouvement selon lequel la vie tour à tour s'affirme et s'abolit, sans fin, sans autre cause que la volonté, inhérente à chaque chose, de conquérir la totalité de l'existence, par où chaque chose constituée s'offre à la lutte jusqu'à ce qu'elle ait été défaite, désagrégée par une plus forte. C'est la métaphysique du flux et du reflux, qui commande également l'hypothèse du Retour et celle du Nirvana.

Mais, entre ces deux conceptions subalternes, Nietzsche s'est attaché surtout à mettre en relief la première et c'est celle-là que fait voir le second point de vue duquel il a philosophé. Situé sur un plateau moins élevé que le précédent, il embrasse donc un horizon restreint, que circonscrit une sensibilité de nature purement physiologique. De ce point de vue, on n'aperçoit plus ce qui est compris dans l'horizon formé par une sensibilité physiologique opposée et que l'on découvrait du point de vue plus élevé de la sensibilité intellectuelle. C'est cette seconde partie de la philosophie de Nietzsche qui a été généralement le plus remarquée et on a oublié qu'elle n'est qu'une dépendance d'une conception plus vaste, qu'elle est l'expression d'une partialité, d'une préférence de tempérament, ne mettant point en cause la légitimité d'une préférence contraire.

Ce qu'il est intéressant de considérer, c'est qu'à l'époque où Nietzsche a formulé sa pensée, la métaphysique du reflux avait déjà reçu de Schopenhauer son canon. Il n'existait pas, par contre, de morale ni de métaphysique propre à exalter la vie. Les intérêts d'une philosophie générale, embrassant le double mouvement de l'être, exigeaient donc que cette métaphysique en l'honneur de la vie fût inventée. Il importait que des énergies, vivaces encore, mais indécises ne fussent pas exposées à se former d'elles-mêmes une fausse conception, subjuguées par le principe de suggestion inclus dans la pensée de Schopenhauer et faute d'un principe de suggestion contraire. Le parti-pris de Nietzsche en faveur de la vie a comblé la lacune qui existait auparavant. Au paysage de motifs composé par Schopenhauer, Nietzsche en a opposé un autre, propre à rallier les indécis, fait du moins pour leur donner le choix et leur permettre de discerner lequel, de celui-là ou de l'autre, s'adapte et se superpose le mieux au vœu réel de leur physiologie, de leur grand système de raison. La nécessité de disputer à une conception adverse, et qui avait pris les devants, des énergies appartenant peut-être encore à la vie ascendante, explique la violence de ses attaques contre Schopenhauer. Mais cette posture de combat ne doit pas donner le change; elle ne doit pas faire oublier que, du sommet le plus élevé de la montagne où médita Zarathoustra, la vue de Nietzsche s'est étendue à la fois sur les deux versants de l'existence et que, de ce sommet, la joie de vivre, exaltée par la métaphysique du Retour, se montre liée à une aspiration vers la mort qui trouve dans la métaphysique du Nirvana sa justification.

Il a paru équitable de montrer chez Nietzsche, par delà le parti pris de tempérament qui donne à sa pensée philosophique un ton si tranché, une conception purement intellectuelle qui reconnaît l'existence et la nécessité d'un parti pris contraire. Or, ce point de vue de sensibilité intellectuelle, où s'accordent les deux conceptions antagonistes dont l'opposition soutient l'image philosophique la plus générale de l'être, il faut reconnaître qu'on le rencontre également dans Schopenhauer. Si Nietzsche, niant toute existence possible en dehors du devenir, voit dans la vie phénoménale une suite ininterrompue d'états de croissance et de déclin, se conditionnant et se compensant, s'il attribue aux naissances et aux morts individuelles la fonction de perpétuer, sous le jour de la conscience, ce jeu d'agrégation et de désagrégation qui occupe la matière, Schopenhauer ne pense pas non plus que le monde phénoménal puisse être jamais aboli. Il reconnaît dans l'être métaphysique, qu'il nomme la Volonté, deux attitudes essentielles, qui s'impliquent et dont l'une ne saurait détruire l'autre ; car l'une, par laquelle la Volonté s'affirme dans les consciences individuelles et se repaît, dans l'épanouissement du drame et du panorama cosmiques, du spectacle de sa propre représentation, se réalise dans l'espace et dans le temps ; elle engendre la vie phénoménale dont Schopenhauer a affirmé la pérennité en ces termes : « La forme de la vie, c'est le présent sans fin ; » mais l'autre, par laquelle la Volonté, se niant en quelque conscience individuelle, marque sa lassitude du spectacle, se réalise, sans attenter à la première, dans le Nirvana, en dehors des formes du temps et de l'espace, en dehors des formes de toute connaissance. Dans les pages les plus intellectuelles de son œuvre, Schopenhauer est allé jusqu'à se défendre de prendre parti pour l'une de ces attitudes, celles qui affirme, plutôt que pour l'autre, celle qui nie la vie. « Exposer, dit-il, l'une et l'autre, affirmation et négation, les amener sous le jour de la raison, voilà le seul but que je puisse me proposer ; quant à imposer l'un ou l'autre parti ou à le conseiller, ce serait chose folle et d'ailleurs inutile : la volonté est en soi la seule réalité purement libre, qui se détermine par elle-même ; pour elle pas de loi. »

Ce texte fortifie les conclusions de cette étude ; il

démontre que chez ces deux grands esprits, Schopenhauer et Nietzsche, il existe une sensibilité intellectuelle commune, où se réconcilient et s'impliquent les affirmations les plus véhémentes par lesquelles s'opposèrent l'une à l'autre deux sensibilités physiologiques de nature différente.

NIETZSCHE ET LA PENSÉE FRANÇAISE

NIETZSCHE ET LA PENSÉE FRANÇAISE

I. Nietzsche comme réactif contre l'influence de la pensée étrangère sur l'esprit français. — II. L'œuvre de Nietzsche dans ses rapports avec celle de quelques écrivains français. — III. Les causes et la légitimité du grand retentissement de la philosophie de Nietzsche : causes propres à l'homme. — IV. Causes inhérentes à la race et au milieu.

I

Il est survenu à l'occasion de Nietzsche ce qui se manifeste à l'apparition de toute pensée fortement originale et novatrice. Elle suscite d'abord une clameur de haro, elle est taxée d'extravagance. Après quoi, et lorsqu'il est trop tard pour l'étouffer, lorsqu'elle est parvenue à dominer le tollé et qu'elle a imposé par-dessus les huées son timbre particulier, c'est à qui en assimilera le son à telle ou telle autre résonnance déjà entendue : le reproche de banalité succède à celui d'extravagance. C'est à cette seconde forme de l'hostilité, vouée à tout ce qui tranche sur d'anciennes habitudes de pensée, que l'on voudrait répondre ici.

Toutes les idées de Nietzsche, demande-t-on, ont-elles donc été exprimées par lui pour la première fois « depuis qu'il y a des hommes et qui pensent » ? N'est-il pas possible de découvrir des analogies entre sa pensée et celle des sophistes grecs ? Ne doit-il pas beaucoup à des moralistes de chez nous, La Rochefoucauld, Vauvenargues ou Montesquieu ? Un philosophe français, Guyau, n'est-il pas entré avant lui dans la voie qu'il semble inaugurer ? *L'Essai d'une Morale sans obligation ni sanction*, *l'Irréligion de l'avenir*, ne sont-ils pas des livres où apparaissent les idées qui feront explosion dans *Par delà le Bien et le Mal* ou dans *Zarathoustra* ? Sommes-nous donc fondés à faire en France un tel accueil à cette pensée étrangère alors que nous n'entendons pas la voix des nôtres ou semblons perdre le sens de leurs paroles ? N'y a-t-il pas lieu de penser que nous sommes atteints de ce mal évoqué par un personnage d'Ibsen « d'un délire d'adoration qui nous ferait rôder sans cesse avec un besoin inassouvi de toujours admirer quelque objet en dehors de nous-même » ?

L'attaque ici dévie un peu et le retentissement en France de l'œuvre de Nietzsche est présenté comme une de ces crises d'engouement qui nous éloignent de nous-mêmes et de nos propres sources pour nous jeter à l'admiration du modèle étranger. Avant de préciser quelle est, dans son rapport avec la pensée de quelques-uns de nos philosophes, la valeur originale de Nietzsche, il semble donc nécessaire de répondre à cette forme plus générale de l'objection par laquelle on voudrait combattre et étouffer son influence.

La réponse doit être ici très nette : car il s'est produit en effet chez nous une crise d'imitation au cours de laquelle notre pensée philosophique s'est conçue à l'image de la pensée philosophique allemande ; cette crise, qui fut marquée par le triomphe du kantisme dans l'enseignement supérieur, qui a influencé beaucoup de bons esprits de second ordre, a laissé la marque de son passage jusque dans une intelligence aussi originale que celle de Renan. Or, la vogue de la philosophie de Nietzsche en France est précisément, il ne faut pas laisser s'établir là-dessus d'équivoque, une réaction contre le précédent engouement en faveur de la philosophie allemande. Toutes les voix qui s'élèvent contre l'œuvre de Nietzsche émanent de philosophes ou d'écrivains qui ont subi plus ou moins cette influence allemande, et tandis qu'elles croient protester en faveur de l'esprit français, elles réclament, en réalité, en faveur de ce qui a pénétré d'allemand dans l'esprit français au cours de cette période d'imitation intellectuelle.

La pensée de Nietzsche est, en effet, l'arme la plus meurtrière qui ait été aiguisée jamais contre le moralisme métaphysique de Kant. En même temps, et tandis que la crise d'imitation précédente nous détournait de nos grands hommes, — Montaigne, La Rochefoucauld, Montesquieu sont visiblement inconciliables avec Kant — Nietzsche se réclamait de ces penseurs français, il exaltait le sentiment de notre grandeur par l'admiration qu'il exprimait à leur égard et nous faisait retrouver le chemin vers nous-mêmes.

Voir dans la faveur dont Nietzsche est l'objet en France une crise d'engouement pour la pensée étrangère est donc le dernier des contre-sens. C'est une attitude de malade qui, méconnaissant son mal, méconnaît le remède, n'a d'appétit que pour ce qui peut entretenir et augmenter sa fièvre. En réponse à des insinuations de cette nature, il faut montrer sans cesse que le mouvement d'esprit nietzschéen est chez nous une réaction de l'esprit national en posture de se reconquérir, que Nietzsche présente au génie français une image de lui-même propre à le fortifier en lui inspirant la plus haute idée de sa valeur. S'il est vrai qu'il existe chez nous un état de dépression qui nous incite à nous dédaigner et à porter notre admiration au dehors il n'est point de suggestion plus efficace que celle qui se dégage de la lecture de Nietzsche pour nous rendre le bienfait de l'enthousiasme et de la confiance en nous-même.

Aucun esprit n'a exprimé pour la culture française plus vive admiration. Aucun surtout, ce qui est plus précieux encore, n'a étayé cette admiration, avec un merveilleux génie de psychologue et d'analyste, sur des motifs plus profonds, sur une connaissance plus subtile, sur une critique plus sûre. Il faut ajouter enfin que sa qualité d'étranger, qui nous autorise à reproduire ses jugements sans pudeur, lui a permis aussi de discerner des éléments si naturellement essentiels à l'esprit français, qu'aucun esprit français peut-être n'eût pu les voir.

Nietzsche, rappelait-on déjà, au cours d'une réponse à l'enquête sur l'Influence allemande en France, Nietzsche a nommé la forme française « l'unique forme d'art moderne ». Il n'en voyait d'autres à mettre à côté, à travers les siècles d'histoire où nous pouvons discerner les traits de la face humaine, que la grecque. Sous cette rubrique, *Livres européens* : « Quand on lit Montaigne, dit-il, La Rochefoucauld, La Bruyère, Fontenelle (particulièrement les *Dialogues des Morts*), Vauvenargues, Chamfort, on est plus près de l'antiquité qu'avec n'importe quel groupe de six auteurs d'un autre peuple » et après des éloges sur la forme et sur le fond des livres de ces écrivains, « qui contiennent plus d'idées véridiques que tous les livres de philosophie allemande ensemble », il conclut : « Mais pour formuler une louange bien intelligible, je dirai qu'écrites en grec, leurs œuvres eussent été comprises par des Grecs. » « Les Grecs les plus subtils, ajoute-t-il encore, eussent été forcés d'approuver cet art, et il y a une chose qu'ils auraient même admirée et adorée, la malice française de l'expression (1). »

Nietzsche ne prisait pas moins haut notre grand art classique. Il y voyait l'apogée d'une tradition qui, tant qu'elle se perpétua, dota les écrivains français d'une formule d'art, d'un moule pour la pensée, qui fit défaut aux autres peuples, et il tenait pour une école incomparable « la sévère contrainte que les auteurs dramatiques français s'imposaient par rapport à l'unité d'action, de lieu et

---

(1) *Le Voyageur et son Ombre*. Ed. du Mercure de France, p. 346.

de temps, à la structure du style, du vers et de la prose, au choix des mots et des pensées (1) ». Donnant la définition de l'art, tel qui le conçoit dans sa perfection, « voilà l'art, dit-il, tel que Gœthe le comprenait tardivement, tel que les Grecs et aussi les Français le pratiquaient ».

L'admiration de Nietzsche pour nos grands hommes s'exprime en mainte page. Il est tout pénétré de la pensée française. La première édition de *Humain, trop humain*, était accompagnée, en guise de préface, d'une page de Descartes et le livre était dédié à la mémoire de Voltaire, en qui il voyait, « par contraste avec tout ce qui vint après lui, un grand seigneur de l'esprit ». « Le nom de Voltaire, disait-il, sur un écrit de moi c'est là, en réalité, un progrès vers moi-même (2) ». Et ce qu'il estimait au plus haut point chez Voltaire, c'est ce don, où il voyait le sceau de l'esprit français, d'associer des contrastes dans une mesure harmonieuse, de concilier des qualités opposées dans une réussite parfaite. C'est dans ce sens qu'il dit de Voltaire qu'il sut joindre « la plus haute

---

(1) *Humain, trop humain*. Ed. du Mercure de France, p. 237.
(2) Fragment cité par M. Henri Albert, dans *Humain, trop humain*, p. 484.

liberté d'esprit et une disposition d'esprit absolument non révolutionnaire (1) ».

C'est dans ce sens aussi qu'il faut apprécier cet éloge singulier sous la plume de Nietzsche, et si curieusement nuancé, des différentes formes qu'a revêtues chez les grands individus en France le sentiment chrétien. L'anti-chrétien, qu'est tout Nietzsche, fait place à l'artiste et au psychologue qui énumère avec une admiration minutieuse ces conciliations extraordinaires du sentiment chrétien avec la vie que réalisèrent un Pascal, un Fénelon, Mme Guyon ou l'abbé de Rancé, le fondateur de la Trappe. Ce qui le frappe d'admiration, c'est le fait même de la réussite, le pouvoir de mettre au jour une œuvre achevée, d'exprimer une conception dans une pratique. « Les formes les plus difficiles à réaliser de l'idéal chrétien, dit-il au sujet de la France, n'y sont point demeurées à l'état de conception, d'intention, d'ébauche imparfaite (2). » Il admire dans Pascal « l'union de la ferveur, de l'esprit et de la loyauté », et « que l'on songe, ajoute-t-il, à tout ce qu'il s'agissait d'allier ici ». Fénelon lui apparaît comme l'expression la plus parfaite et la plus séduisante de la culture chétienne, « un

---

(1) *Humain, trop humain*, p. 239.
(2) *Aurore*. Ed. du Mercure de France, p. 206.

moyen terme sublime, dont, comme historien, on serait tenté de démontrer l'impossibilité tandis qu'en réalité il ne fut qu'une perfection d'une difficulté et d'une invraisemblance infinies. » Et ce philosophe qui, parmi toutes les manifestations de l'esprit chrétien a avoué au protestantisme l'aversion la plus forte, exalte le Huguenot français, « le plus bel alliage d'esprit guerrier et d'amour du travail, de mœurs raffinées et de rigueur chrétienne ». De Port-Royal, il dit que cette société de religieux fit assister à la dernière floraison de la haute érudition chrétienne « et pour ce qui est de la floraison, en France, souligne Nietzsche, les grands hommes s'y entendent mieux qu'ailleurs ». Tout ce morceau qui a pour titre : *Désirer des adversaires parfaits*, n'est pas moins curieux, ni moins délicatement élogieux dans ses conclusions que dans ses prémisses : Nietzsche y explique comment les esprits libres en France, ayant toujours livré bataille à de vrais grands hommes, ont dû s'affirmer et s'élever à la plus haute puissance pour triompher de ces adversaires parfaits. Voici pourquoi, dit-il, « ce peuple qui possède les types les plus accomplis de la chrétienté engendra nécessairement aussi les types contraires les plus accomplis de la libre-pensée anti-chrétienne ».

Il est à noter que tout ce que Nietzsche loue sans réserve, parmi les manifestations diverses de la civilisation française, c'est ce qui s'y rencontre d'essentiellement et d'exclusivement français, avant tout les mœurs, la littérature, les arts des xvie et xviie siècles. Voltaire lui apparaît comme un des derniers représentants de la grande tradition française dont il retrouve en Stendhal l'écho ressuscité. Il a conscience de la crise d'imitation, tant anglaise qu'allemande, subie par l'esprit français depuis cent cinquante ans et discerne très nettement les points où le génie français a cédé. Nul n'a mieux senti que lui la déformation infligée à la mentalité française par l'infiltration de ce que M. Maurras a nommé les idées suisses. Aussi, contre cet engouement qui nous a jetés au xviiie siècle et au xixe siècle à l'imitation des idées anglaises et de la philosophie allemande, la perspicacité de Nietzsche constitue-t-elle le meilleur des antidotes. « Le malheur, résume-t-il en un bref aphorisme, des littérateurs allemands et français des cent dernières années vient de ce que les Allemands sont sortis trop tôt de l'école des Français — tandis que plus tard les Français sont allés trop tôt à l'école des Allemands (1). » Dans tous ses jugements sur l'art et

---

(1) *Le Voyageur et son Ombre*, p. 282.

sur les formes les plus hautes et les plus diverses de la culture, il en appelle constamment de la France défigurée par des influences étrangères à la France rayonnant de l'éclat de son propre génie. Il faut retenir, entre toutes, cette protestation véhémente qu'il a formulée dans *Par delà le Bien et le Mal* au chapitre des *Peuples et Patries* : « Contre la mode d'aujourd'hui et contre les apparences il faut défendre cette proposition qui est de simple honnêteté historique et n'en pas démordre : tout ce que l'Europe a connu de noblesse, noblesse de la sensibilité, du goût, des mœurs, noblesse en tous les sens élevés du mot, tout cela est l'œuvre et la création propre de la France (1). » S'il situe d'ailleurs surtout dans le passé, au XVIe et au XVIIe siècle, nos périodes de grandeur, il sait discerner ce qui persiste encore de raffiné dans la culture française contemporaine, il constate l'avance prise par notre civilisation sur celle des autres peuples d'Europe et il distingue, chez une élite, cette musique de chambre où il reconnaît le ton de la supériorité ancienne.

Les quelques citations fragmentaires que l'on vient de rassembler ici ne sont point exception-

---

(1) *Le Voyageur et son ombre*, p. 279.

nelles dans l'œuvre de Nietzsche, et si on les a choisies le plus concluantes et le plus typiques que l'on a pu, elles n'en expriment pas moins, et sans aucun grossissement, l'essentiel et le définitif de la pensée du philosophe sur l'esprit français : il eût été aisé d'en augmenter le faisceau. Telles quelles, elles suffisent, semble-t-il, pour répondre aux insinuations qui eussent voulu faire voir, dans la grande vogue de la philosophie de Nietzsche, un phénomène d'engouement en faveur de la pensée étrangère. Elles suffisent à montrer, dans la philosophie de Nietzsche, ce pour quoi on la donne : un principe d'exaltation de la pensée française, une réaction contre la crise d'imitation anglaise et allemande, telle qu'elle s'est exprimée dans le kantisme universitaire aussi bien que dans des théories humanitaires contre lesquelles on serait tenté d'invoquer avec Nietzsche ce principal grief, qu'elles attentent à la grandeur de l'humanité.

II

Il faut donc constater que la pensée de Nietzsche est d'inspiration nettement française et qu'elle nous ramène à nous-mêmes. Cette constatation tend-elle donc à enlever à son œuvre une part de sa valeur originale? Nullement, mais elle exige que l'on détermine le caractère précis de cette originalité et que l'on réponde aux objections qui opposent à Nietzsche des noms français récents. On croit pouvoir établir le compte de chacun sans faire tort à aucun.

En frappant avec force sur l'esprit des lecteurs, en donnant du ton et un relief singulier à toutes les idées qu'il exprima, Nietzsche a conféré une vie nouvelle et une importance nouvelle à des idées dont quelques-unes avaient été exprimées avant lui par quelque penseur ou quelque philosophe. Celles-ci, inaperçues jusque-là, ont commencé à briller dans l'ombre où les avait reléguées, non la médiocrité des penseurs qui les avaient conçues, mais la mauvaise orientation de l'esprit public en proie à cette crise d'imitation contre laquelle Nietzsche a précisément réagi. Si son génie n'eût été du meilleur titre, Nietzsche eût payé peut-être d'une part de sa gloire ces réhabilitations tardives dont il fut bien le promoteur. Il reste, un tel danger n'étant point à redouter, qu'il est permis de se réjouir de ces revendications en faveur de quelques-uns de nos écrivains dont le mérite avait été méconnu ou n'avait pas été apprécié aussi haut qu'il eût été équitable. Il est permis de s'en réjouir, même lorsqu'elles se sont exercées jusqu'à l'injustice, au détriment du philosophe qui les avait rendues possibles.

M. Fouillée a élevé la voix en faveur de Guyau, dont l'œuvre n'eut pas chez nous en dernier lieu tout le retentissement que méritaient la noblesse, l'élévation et le son nouveau aussi de sa pensée. D'autres rapprochèrent des théories ethniques de Nietzsche celles du comte de Gobineau, où il est fort vraisemblable que Nietzsche trouva un excitant pour sa propre pensée ; il n'y a qu'à se féliciter de cette justice tardive rendue à ce nom français dont l'Allemagne nous renvoie l'écho. D'autres enfin firent entendre le grand nom de Taine : on ne saurait dire, il est vrai, que ce nom ait été oublié chez nous ni qu'il n'y ait reçu une digne consécration ; pourtant lorsque, avec le recul de quelques années, on considère l'œuvre de Taine philosophe, il faut constater que les deux volumes de *l'Intelligence* composent un bréviaire de l'esprit scientifique aux prises avec les problèmes de la connaissance auquel rien d'essentiel n'a été ajouté depuis. Et s'il faut mesurer la grandeur d'une œuvre à l'horizon qu'elle embrasse, il semble que l'œuvre de Taine aille encore chaque jour grandissant, à mesure que l'effort des savants et des penseurs, tandis qu'il s'éloigne vers des recherches nouvelles, ne cesse de se montrer déterminé par les cadres que traça cette pensée méthodique.

Dans un très intéressant article de la *Revue bleue* (1), M. Francis de Miomandre a comparé Thomas Graindorge et Zarathoustra. On ne saurait souscrire absolument à toutes ses appréciations sur Nietzsche : si grande que soit la part de vérité qu'elles comportent, d'un si réel intérêt psychologique qu'elles soient, il y a toujours quelque chose de plus chez Nietzsche que ce qu'y distingue M. de Miomandre, même lorsqu'il s'efforce de lui rendre toute justice. Mais ce dont on lui sait gré sans restriction, c'est du haut éloge de Taine que contiennent ces pages de critique excellente et c'est aussi de protester contre l'envahissement de la gloire de Nietzsche avec de si justes raisons qu'on ne saurait trouver un meilleur terrain pour exposer, sous son vrai jour, la légitimité de ce prestige.

M. de Miomandre voit en Taine et en Frédéric Nietzsche des représentants d'une même doctrine, le déterminisme, et il invoque en faveur de Taine un droit d'antériorité. Historiquement, dit-il, Nietzs-

(1) 17 octobre 1903.

che vient après Taine et, logiquement, il en procède. Sans que le génie de Nietzsche lui paraisse de ce fait diminué, il lui semble que sa valeur strictement philosophique en soit atteinte et que Nietzsche, poète, écrivain et lyrique de premier ordre, soit un philosophe de seconde main.

A cela il faut répondre que l'antériorité de Taine par rapport à Nietzsche n'est pas pour établir la supériorité, fût-ce au point de vue purement technique, de l'un sur l'autre. Il ne s'agit pas, en effet, avec le déterminisme, et M. de Miomandre ne l'ignore pas, d'une découverte en matière philosophique, mais pour Taine, ainsi que pour Nietzsche, de l'application systématique d'un point de vue tombé dans le domaine commun de l'intelligence. Or, ce point de vue que connurent, sous d'autres noms, les philosophies les plus anciennes, est nécessité au regard purement philosophique, pour toute pensée européenne, par les aboutissants logiques de *la Critique de la Raison pure.* Tous les arguments théoriques propres à réduire l'univers à un système de causes et d'effets, à condamner la recherche des causes premières et à supprimer l'intervention des explications métaphysiques ont été exposées par Kant avec méthode et clarté. Avec Kant, et à employer une expression chère à Nietzsche, on peut dire que la métaphysique, en tant que science théorique, s'est détruite par auto-suppression. L'effort postérieur de Kant pour donner à la morale un soutien métaphysique, s'il a eu de lourdes conséquences par son action sur toutes les sensibilités religieuses, est demeuré lettre morte auprès de toute pensée indépendante du souci dogmatique. Aussi, malgré sa volonté dernière, Kant demeure-t-il, en raison de ses dons techniques, au point de vue théorique du moins, l'ancêtre de l'esprit scientifique moderne même lorsque l'on en étend, contre le gré de son auteur, la conception maîtresse et les méthodes jusqu'aux phénomènes du monde moral. Sous le jour de cette conception, Taine, Guyau, Nietzsche ne peuvent être classés les uns par rapport aux autres suivant un ordre d'antériorité; ils occupent le même rang se placent au même degré sur l'arbre généalogique où se rencontrent leurs auteurs communs, Kant, dans le domaine de la pensée analytique, les grands penseurs français du XVIe siècle et du XVIIe siècle depuis Rabelais et Montaigne jusqu'à la Rochefoucauld et Pascal, dans le domaine de la culture générale et de la floraison en quelque sorte spontanée de l'esprit.

Il ne serait pas plus équitable d'ailleurs, pour les motifs généalogiques que l'on vient d'invoquer, d'attribuer à Nietzsche la paternité de conceptions pareilles aux siennes, l'éclosion d'une mentalité semblable à la sienne chez des penseurs qui furent ses contemporains ou qui vinrent après lui, dont la plupart ignorèrent son œuvre, à l'époque de la formation de leur pensée. Il ne faut donc attribuer à Nietzsche ni des ancêtres, ni des descendants qui, les uns et les autres, viennent avec lui sur un même plan, au regard de certaines notions, patrimoine déjà commun de tous, legs antérieur de la pensée humaine. Nietzsche ne tient pas de Taine sa conception déterministe du monde. Il n'en est pas non plus l'inventeur. Il reste qu'il faut chercher ailleurs les raisons du retentissement de sa pensée (1).

III

Quelques réflexions semblent propres à faire

---

(1) Il faut d'ailleurs noter que s'il s'agissait de démontrer l'originalité de la philosophie de Nietzsche par la nouveauté de sa doctrine, ce n'est pas le fait d'avoir soumis le monde moral à l'évaluation déterministe qu'il faudrait invoquer, mais bien plutôt sa tentative en vue de dépasser l'évaluation déterministe, sa conception du déterminisme, comme moyen de connaissance, comme artifice et comme fiction, ainsi qu'elle est exposée notamment au deuxième tome de *la Volonté de Puissance* : Aph. 280. « Pour combattre le déterminisme. »

pénétrer les causes de ce grand renom de Nietzsche, et à le justifier. Aussi bien, quelques-unes de ces causes sont inhérentes au génie de l'homme, d'autres, dont l'importance n'est point négligeable, sont d'ordre historique, elles participent du milieu et des circonstances.

Ce qui distingue Nietzsche, indépendamment de son génie philosophique et lyrique, c'est la valeur qu'il sut reconnaître et le rang qu'il attribua au groupe d'idées auxquelles il a lié son nom. Au regard d'un esprit érudit, aucune idée n'est absolument neuve et il est toujours possible au chercheur d'en découvrir la trace en quelque démarche de la pensée antérieure. Mais le fait d'avoir aperçu une idée, de l'avoir notée dans une incidence, ne suffit pas pour conférer un brevet d'invention. Ce qui emporte un droit privilégié sur une idée, c'est d'en avoir mesuré l'importance, de l'avoir située à sa place hiérarchique, d'avoir montré les conséquences qu'elle entraîne, ce qu'elle détruit, ce qu'elle instaure, — c'est d'en avoir fait la pierre angulaire d'un système. Or, c'est là l'œuvre de haut discernement que Nietzsche a accomplie à l'égard d'un groupe d'idées qu'il a rassemblées en faisceau, sur lesquelles il a contraint les regards de se fixer, en les produisant sous leur forme le plus outrancière, en les opposant de la façon la plus violente aux conceptions en cours. C'est ainsi que le déterminisme est devenu dans sa doctrine négation des idées bien et mal, condamnation de la morale, du Chritianisme et de la Philosophie, et, sous sa forme positive, exaltation du fait de force exprimé par cette métaphore mythologique : Volonté de puissance.

Taine et Nietzsche ont construit leur œuvre sur ce terrain du déterminisme acquis par l'esprit humain avant leur venue. Mais ils ont construit l'un et l'autre une œuvre qui, supposant les mêmes assises, est pourtant absolument différente. Taine n'est point sorti du domaine théorique ; il a fait application au détail des sciences des principes de la critique ; il a fixé quelles sont, pour la science, pour la faculté de connaître, les conséquences du déterminisme, il a indiqué sous quel jour doivent être étudiés désormais tous les phénomènes du monde, tant ceux du monde physique que ceux du monde psychologique ou moral, mais il n'a cherché à tirer du déterminisme aucune des conséquences qu'il peut engendrer dans le domaine de la moralité humaine. Si, vers la fin de sa vie, Taine s'est montré préoccupé de cette influence possible des théories déterministes sur les mœurs, c'est pour s'en effrayer, c'est pour en écarter le danger. Sa conversion aux idées protestantes, à laquelle il faut attacher un sens purement politique, trahit ce souci et cet effroi. Il a pensé que les formes protestantes de la croyance étaient un mensonge mieux déguisé et plus acceptable pour la mentalité contemporaine que les formes catholiques, et, mû par une préoccupation sociale, par un souci de *maître*, désireux de conserver et de maintenir les hautes formes de la civilisation, il a sanctionné de son adhésion le mensonge utile.

Sous l'inspiration d'un même parti pris en faveur de la vie sociale, hautement ordonnée, Nietzsche a adopté une attitude absolument contraire. Il en faut attribuer la cause à une appréciation toute différente quant à la solidité et à l'efficacité des mensonges au moyen desquels la société contemporaine s'efforce encore d'imposer la fiction morale sur laquelle elle repose. A tort ou à raison, Nietzsche estime que ces mensonges n'ont plus de force, que l'esprit européen, dans sa masse, ne peut plus être illusionné par eux, en sorte qu'ils vont directement contre la fin qu'ils voudraient procurer. Ils excitent à la révolte des volontés auxquelles ils n'avaient réussi à imposer certaines contraintes que par la crédulité qu'ils avaient jusque-là rencontrée. Un mensonge ne vaut que dans la mesure où il trompe : il peut être, dans ces conditions, excellent, car il peut agir alors comme moyen d'unification et de convergence, comme principe d'ordre. Il est détestable et dangereux dès qu'il n'emporte plus l'illusion qui faisait sa force ; c'est alors que la vérité se venge ; la vérité qui n'est peut-être pas autre chose que l'instinct de ressentiment contre tout mensonge devenu impuissant à faire son office. Telle est la cause de l'ardeur destructrice qui soulève Nietzsche contre toutes les valeurs morales ayant encore un cours officiel parmi les sociétés européennes. Ce qu'il leur reproche c'est que le mensonge sur lequel elles se fondent ne trompe plus les consciences. Ce mensonge joue ainsi le rôle, à l'égard de l'ordre social et de la civilisation supérieure, de l'épine qui s'enfonce dans la main s'appuyant sur elle comme sur un bâton. Toutes ces valeurs morales sont, selon Nietzsche, les causes du nihilisme européen. Les raisons pour lesquelles il les combat sont donc les mêmes pour lesquelles un Taine les soutient et essaie de les réparer. C'est pour un même motif aussi que Nietzsche s'élève principalement contre les formes les plus récentes du mensonge social, formes protestantes, formes rationalistes, celles-là mêmes auxquelles Taine adhérait, vers lesquelles s'orientèrent de bonne foi, contraints par les besoins de la sensibilité ancienne, le néo-kantisme d'un Renouvier et le spiritualisme, d'origine également kantienne, des philosophes universitaires. Nietzsche ne voit, dans cet effort en vue de rationaliser les anciens dogmatismes, que des moyens de prolonger le malaise. Toutes les valeurs anciennes sont actuellement sans force. « Les tentatives pour éviter le nihilisme sans transmuer ces valeurs provoquent, dit-il, le contraire, amènent le problème à un état aigu (1) » et il estime que ce qui donne le ton à notre époque, c'est l'esprit d'analyse, c'est tout ce qui corrode et détruit de faux soutiens, aux ais disjoints, impuissants désormais à supporter l'édifice social qui se lézarde au-dessus d'eux.

Cette appréciation est de toute importance à connaître pour juger l'œuvre de Nietzsche ; qu'on l'accepte ou non, elle seule explique comment cet esprit, le plus hiérarchique qui soit, est en même temps le ferment de dissociation le plus violent.

Au point de vue qui nous intéresse, cette appréciation de Nietzsche sur le temps présent a

(1 *La Volonté de Puissance*, tome I, p. 42.

eu cette conséquence : l'instinct de connaissance qui est proprement un instinct d'analyse, enclin à divulguer ce qui entre de croyance injustifiée, de parti pris et d'illusion volontaire en toute réalité morale ou sociale, l'instinct de connaissance, qui se voit d'ordinaire combattu par l'instinct vital, a agi ici de concert avec cet instinct positif auquel il a su persuader qu'il importait de tout détruire et de faire place nette pour reconstruire ensuite des cités nouvelles sur les décombres du vieux monde. De cette alliance résulte dans la philosophie de Nietzsche un ton absolument différent de celui que l'on observe chez d'autres philosophes qui lui ressemblent, quant au contenu purement intellectuel de la doctrine. Avec Taine, a-t-on dit, le déterminisme ne sort point du domaine de la connaissance ; c'est un point de vue pour intellectuels et pour savants, qu'il n'y a pas lieu d'introduire dans les mœurs, qu'il est même préférable de masquer au regard des sociétés humaines. Guyau tente l'entreprise très intéressante de fonder une morale en dehors de la morale, sur les bases mêmes du déterminisme. C'est bien là, semble-t-il, la véritable initiative qui reste actuellement à assumer et il peut se faire que l'entreprise de Guyau, sur laquelle on reviendra, ne soit pas irréalisable. Ce qu'il semble de cette tentative, au point de vue du retentissement qu'elle pouvait obtenir, c'est qu'elle fut prématurée. Guyau tient déjà pour acquis les points principaux d'une doctrine qui n'est admise que par quelques esprits d'avant-garde, qui, même chez ces adeptes, ne dirige que la spéculation et abandonne, dans l'ordre pratique, le gouvernement de la conduite à des idées tout opposées; aussi n'apporte-t-il pas dans sa dialectique cet élément dévastateur, nécessaire pour faire place nette, et pour permettre d'élever sur un sol déblayé les constructions nouvelles dont il proposait le plan. Guyau n'a été entendu que du public délicat qu'il eût sans doute choisi. Volontairement, il s'abstient d'une propagande plus large.

Chez Guyau d'ailleurs, comme chez Taine, il y a encore dissociation et, dans une certaine mesure, opposition entre les modes de l'intelligence et ceux de la sensibilité. Chez Nietzsche, au contraire, pour les raisons que l'on vient d'exposer, il y a alliance entre ces deux modes de l'activité individuelle. A rencontrer ainsi un allié et un excitant où il rencontrait jusque-là un adversaire et un frein, l'instinct de connaissance a pris dans l'œuvre de Nietzsche un élan incomparable. Que l'on imagine le génie d'un Galilée, servi et exalté, au lieu d'être refréné, par le principe d'autorité qui l'entrava, que l'on conçoive surtout que Nietzsche ruine et détruit avec la bonne conscience d'un constructeur, qu'il entrevoit la haute tour que Solness prématurément a voulu construire, et, qu'il apprécie comme une condition de cette future édification la ruine de tout l'ancien ordre de choses.

Un tel état d'esprit est tout autre que celui d'un Taine ou d'un Guyau; il engendre de tout autres conséquences. Il a eu ici pour résultat qu'au lieu de s'arrêter sur le seuil des mœurs, Nietzsche a fait des mœurs le principal objectif de sa philosophie. Créer des mœurs lui apparaît l'œuvre la plus haute d'une civilisation. C'est pourquoi, tandis que ses prédécesseurs se défendent et se font scrupule d'exercer une action sur la sensibilité, Nietzsche agit directement sur la sensibilité.

C'est ce qu'a bien vu M. de Miomandre, et il situe en cette circonstance la cause qui, selon lui, détruira injustement mais fatalement l'équilibre qu'il a tenté d'établir entre les titres de Thomas Graindorge et ceux de Zarathoustra. On ne se propose pas de contribuer à rompre cet équilibre en cette étude où l'on s'efforce seulement à partager des domaines; mais il a paru nécessaire de montrer les dessous politiques de l'attitude de Nietzsche, pour donner tout son prix à cette démarche décisive et qu'aucun philosophe digne de ce nom n'osa avant lui, cette démarche par laquelle il introduit l'amoralisme, sous la forme du déterminisme, dans le domaine des mœurs. Avec Nietzsche se crée si l'on peut dire une sensibilité déterministe ; un mode de sensibilité est substitué à un autre. C'est là le fait important.

Le premier, Nietzsche tire des conséquences pratiques de conclusions intellectuelles qui s'étaient jusque-là développées à côté et indépendamment de toute réalité, qui n'avaient agi sur les mœurs que pour les mettre en garde contre la conception nouvelle qu'elles apportaient, pour susciter, sur des terrains nouveaux, une défense désespérée de la moralité ancienne.

La grande originalité de Nietzsche consiste donc en une appréciation qui détermine une attitude active : tout l'effort spiritualiste, prononce-t-il, va contre son propre vœu ; les tentatives pour éviter le nihilisme en conservant et en perfectionnant les formes anciennes et inefficaces du mensonge « provoquent le contraire et amènent le problème à un état aigu ». En portant ce jugement, en déduisant de ce jugement une pratique, Nietzsche a dépassé les limites de la spéculation purement intellectuelle ;

il a assumé une initiative et une responsabilité et c'est pour cela qu'il remue si profondément les consciences.

Il y a donc dans l'œuvre du philosophe un principe étranger à la philosophie et il n'y a pas à craindre d'interpréter Nietzsche à contre-sens en relevant ce fait, ni d'altérer l'image qu'il aimait à se composer de lui-même : on a montré, en l'étude précédente, que Nietzsche tire son principal titre de gloire d'avoir donné un sens nouveau au mot philosophe, d'avoir fait du philosophe le créateur des valeurs nouvelles. Mais comme il est par-dessus tout un esprit philosophique, il est arrivé ceci que cet élément étranger à la spéculation intellectuelle, introduit par lui dans la spéculation, a fait prendre à la philosophie de l'instinct de connaissance un essor considérable.

On n'examinera pas ici la valeur de l'appréciation portée par Nietzsche sur les valeurs européennes en cours. Ces valeurs sont-elles, comme il le juge, des causes fatales d'affaissement pour les civilisations humaines ? Le haut civilisé doit-il achever de les ruiner ? doit-il au contraire s'efforcer de les faire respecter en réparant le mensonge qui les couvre ? Ce sont là des questions passionnantes, mais que l'on écarte momentanément. Ce que l'on veut seulement retenir, c'est qu'en présentant comme un danger pour la civilisation ces valeurs morales qui, tenues pour vraies par les uns, pour fausses par les autres, étaient considérées, par les uns et les autres, comme les soutiens de toute civilisation, Nietzsche a conféré aux négations philosophiques une force et une autorité qu'elles ne possédaient pas auparavant. Tout ce qui fut dit jusque-là à voix basse s'enrichit dans son œuvre d'une sonorité multipliée. Des voix, qui étaient jusque-là des murmures et ne laissaient entendre que des conversations chuchotées dans quelques groupes, s'élèvent maintenant d'une estrade. Cette estrade, il faut reconnaître qu'elle a été dressée par Nietzsche. Grâce à la démarche qu'il a faite hors de la philosophie, grâce à l'appréciation hasardée qu'il a émise, la philosophie de l'Instinct de connaissance telle que dans *De Kant à Nietzsche* on s'efforça de la décrire, a pu atteindre sa forme la plus parfaite. Elle bénéficie à l'heure présente d'une liberté de se produire qu'elle n'a pas encore connue et dont il faut peut-être se hâter de jouir. Qui sait si cette liberté n'est pas engendrée par des circonstances qui composent un moment unique dans l'histoire ? Qui sait si elle est compatible avec la vie des sociétés ? N'appartient-il pas à l'Instinct de connaissance de savoir que la vie a des exigences plus impérieuses que les siennes propres, de pressentir que des formes nouvelles ou seulement renouvelées du mensonge parviendront peut-être un jour à s'emparer des esprits pour rendre possibles de nouvelles périodes humaines, qu'elles élèveront peut-être de nouvelles barrières contre la liberté d'analyse et créeront de nouveaux tabous ?

IV

On vient de dire par suite de quelles actions et réactions l'intelligence et la sensibilité se sont combinées chez Nietzsche de façon à composer l'originalité tranchante de sa philosophie. On a fait ainsi la part de ce qui lui est strictement personnel dans le succès de son œuvre. Qu'on y ajoute cependant le génie, c'est-à-dire l'extraordinaire puissance d'expression, analytique et lyrique, qui lui a permis de faire entendre et d'imposer le son distinct que rendait son tempérament frappé par les idées. Il reste à faire la part des circonstances, qui ont contribué à rendre possible l'œuvre et sa réussite triomphale.

La première de ces circonstances ne peut encore

à vrai dire être entièrement détachée de lui : elle consiste en ce qu'il y a d'allemand dans son tempérament. Plutôt que la part des circonstances, c'est donc ici la part distincte de la race. C'est ce tempérament propre à sa race que lui a permis de dépasser, comme il l'a fait, les limites de la pensée spectaculaire pour prendre parti et pour exercer une action dans un sens déterminé, qui lui a permis de cesser soudainement de décrire comment les choses se passent pour faire en sorte qu'elles se passent de telle ou telle façon.

Les raisons d'ailleurs qui ont déterminé Nietzsche à accomplir cette démarche hors du territoire intellectuel sont d'ordre purement intellectuel. Etant allé jusqu'au bout de l'intellectualisme, il a reconnu que le dernier mot de la faculté de comprendre, ayant fait le tour d'elle-même, est de constater son impuissance créatrice et d'estimer seuls efficaces pour tout ce qui touche à l'invention de l'être et de ses formes, les partis pris aveugles du tempérament. C'est volontairement et sciemment qu'il a dépassé l'intellectualisme. Cette réserve faite, c'est pourtant à la fougue allemande de son tempérament qu'il faut faire appel pour expliquer comment, ayant, d'un point de vue intellectuel, conclu à la supériorité de l'acte sur les opérations purement intellectuelles où l'énergie tout entière d'un être se transforme en miroir de ce qui est, il a fait application de ce théorème à sa propre conduite, comment il a pris parti et a formulé son appréciation sous forme d'anathème à l'encontre des valeurs chrétiennes, comment il a attaqué tout un ordre de choses avec les fanfares de son lyrisme et le fer tranchant de ses analyses. C'est là en effet ce qu'aucun esprit supérieur, en France, dans le domaine de la pensée, n'eût été libre de faire, fût-ce poussé par une inclination personnelle. Mépris aristocratique de l'homme de pensée à l'égard de l'acte, sentiment critique de son impuissance à le bien accomplir, respect des spécialisations de l'énergie, on s'abstiendra de trancher ici de la nature précise et de la valeur des mobiles, pour constater seulement, comme un fait et comme une fatalité, avec les avantages et peut-être les inconvénients intellectuels qu'elle emporte, cette impossibilité, pour un penseur de notre race, d'exercer volontairement, par des excitations directes, une action sur les mœurs. Mais si l'on tombe d'accord que Nietzsche a pris l'initiative d'un acte qu'aucun homme de même ordre en France n'eût voulu accomplir, n'est-ce pas une raison aussi pour ne lui point disputer l'honneur d'un tel acte ?

Si le tempérament propre à sa race, tempérament au-dessus duquel il s'élève mais auquel il n'échappe pas, a permis à Nietzsche d'accomplir, dans le domaine de la sensibilité intellectuelle, la révolution qu'il a provoquée, le milieu même où il était plongé était propre aussi à déterminer chez lui des réactions qui n'avaient pas les mêmes raisons de se produire chez nous. Cette seconde circonstance lui est plus extérieure que la précédente ; elle a contribué à susciter son entreprise et à en assurer le retentissement.

Il faut distinguer profondément, au point de vue de l'évolution du sens philosophique, deux milieux très différents où cette évolution s'accomplit d'un pas inégal : le milieu technique et le milieu de la culture générale, en tant que celui-ci implique et désigne à la fois, et le génie physiologique d'un groupe humain, une propension mentale d'ordre organique, et les formes littéraires de la pensée. Or l'évolution du sens de la connaissance eut pendant longtemps, en notre pays et dans ce domaine de la culture, une grande avance sur une évolution de même ordre dans le monde de la pensée théorique.

Il en est résulté ceci, que la critique kantienne, en ce qu'elle a de supérieur et d'excellent, se trouva de plain pied avec la mentalité d'une race qui, dès le xvi⁰ siècle, avec un Montaigne et un Rabelais, témoignait d'une liberté d'esprit que la réaction religieuse suscitée par la Réforme ne put atteindre bien profondément. Le verdict de la critique qui, interprétée selon son sens radical, était un arrêt de mort à l'égard de toute métaphysique, ne pouvait causer une grande émotion en un pays que son instinct naturel avait dès longtemps conduit à des conclusions identiques dans la pratique mentale. Sans bruit, sans étonnement, le fait fut enregistré et toute la sève du génie national, délaissant l'arbre philosophique, gonfla durant tout le cours du dernier siècle les rameaux de l'arbre de la science.

L'étonnement, voici l'élément qui fit défaut pour que pût éclater chez nous, dans l'ordre philosophique, avec l'appel aux armes qu'elle comporte, la protestation d'un Nietzsche contre le joug des idées métaphysiques. En Allemagne, au contraire, la pensée théorique s'est toujours montrée en avance sur la culture générale de la race. La métaphysique a donc exercé une action directe sur les mœurs : diluée à des titres différents, elle a pénétré toutes les couches de la nation, atteignant, mélangée aux commentaires de la Bible, jusqu'aux masses populaires. La réforme théorique, opérée dans les régions les plus hautes de la spéculation, devait donc avoir nécessairement sa répercussion sur tout l'ensemble de la sensibilité nationale. De là ses réticences et ses reculs, avec son auteur même, de là la nécessité, en ce pays, de la nouvelle critique et de la violence d'un Nietzsche, opposant son lyrisme à celui des psaumes, combattant la métaphysique avec ses propres armes, et tirant de la critique kantienne toutes ses conséquences logiques.

Commandées par le génie personnel du philosophe ou inhérentes au milieu où il se développa, telles sont les raisons pour lesquelles il est impossible de traiter certains sujets sans évoquer le nom de Nietzsche. Il n'y a pas à se demander si nous-mêmes ou nos prédécesseurs n'avons pas eu, sous une forme différente, des pensées analogues. Il nous faut constater que, pour les motifs que l'on vient d'analyser, dont quelques-uns furent pour nous des causes d'abstention volontaire, il a exprimé ces pensées avec un retentissement incomparable.

Nous aurions mauvaise grâce, en France, à ne le point reconnaître, ce serait aussi un calcul maladroit, de dépouiller nos propres idées et nos propres points de vues de la parure éclatante dont le génie de Nietzsche les a fait resplendir.

LE PHILOSOPHÈ COMME CRÉATEUR
DE VALEURS

Cette étude a paru dans *Flegrea*, n° du 20 juin 1901. Elle est, on le rappelle, ainsi qu'on l'a noté dans *l'Avertissement*, un premier état de *la Réforme philosophique*. On n'y trouvera donc pas de développements nouveaux relatifs à la pensée de Nietzsche, mais seulement une exposition, sous un jour différent, du même point de vue, à une époque où *la Volonté de Puissance*, cette œuvre posthume, si décisive pour déterminer les directions de la pensée du philosophe, n'avait pas encore été publiée.

LE PHILOSOPHE COMME CRÉATEUR DE VALEURS

I. *Recherche de la vérité*, au sens ancien, la philosophie est, selon Nietzsche, *création de valeurs*. — II. Ce qui importe pour la vie du point de vue de la nouvelle évaluation : le non vrai, l'illogique, le goût issu de la physiologie et qui ne relève d'aucune motivation. — III. L'homme important, pour la vie : l'homme épique.

I

L'œuvre de Nietzsche, qui nous donna l'impression, dès sa première apparition parmi nous, d'une pensée singulièrement neuve et puissante, se manifeste aussi, à mesure que la traduction de M. Henri Albert en découvre des parts plus considérables, prodigieusement riche, abondante et variée. Des idées, comme des plantes vivaces et d'essences diverses, s'y épanouissent; mais à voir comme elles s'étreignent et s'enchevêtrent, nombreuses et pressées, il semble tout d'abord que les routes fassent défaut dans la forêt qu'elles composent et qu'il y faille errer à l'aventure.

Précises pourtant, mais dispersées en de brefs aphorismes, avec des livres tels que *Humain, trop humain, le Crépuscule des idoles, Aurore* ou *le Gai Savoir*, les conceptions de Nietzsche se montrent dans *Zarathoustra* revêtues de lyrisme, rehaussées d'un art admirable qui exige du lecteur, s'il veut pénétrer le sens profond de l'œuvre, une connaissance exacte et complète de l'anatomie philosophique que ce lyrisme recouvre.

Parmi cette forêt idéologique, tracer une grande route qui desserve les points de vue les plus imposants, parmi ces conceptions multiples dégager celle qui paraît être l'idée maîtresse du philosophe et de laquelle toutes les autres seraient des dépendances, c'est ce que l'on a tenté de faire ici. Or, parmi ces idées de première grandeur, s'il en est plusieurs qui tout d'abord semblent se disputer la suprématie dans l'œuvre de Nietzsche, il en est une, entre toutes, à laquelle il apparaît bientôt que l'on doit accorder la prééminence, parce qu'impliquant une définition de la philosophie elle-même elle se dénonce le seuil qu'il faut nécessairement franchir pour accéder à toutes les autres.

Selon Nietzsche, la philosophie est *création de*

valeurs. Cela signifie qu'elle a pour objet d'inventer tout ce qui fait que la vie a par la suite un prix, *une valeur*. Les choses ne sont par elles-mêmes ni bonnes, ni mauvaises ; elles ne deviennent telles et n'acquièrent un prix que par effet du désir ou de la répulsion qu'elles inspirent. Ainsi la vertu philosophique réside, selon Nietzsche, dans le goût, dans l'appétit, qui font naître le désir, qui créent une préférence pour une chose déterminée et assignent, par là-même, à cette chose, son rang et sa valeur. Voici une race d'hommes qui va s'émouvoir et déployer son énergie pour posséder des territoires, pour s'approprier des récoltes en abondance, pour acquérir toutes les denrées qui profitent au bien-être. Celle-ci, différemment, n'aura d'autre objet que de se prouver à elle-même sa puissance, elle n'affrontera l'adversaire que pour le vaincre et contenter son orgueil par la considération de sa force. Mais celle-là ne luttera pour son indépendance qu'afin de conserver le loisir de modeler dans le marbre des formes pures, de faire vibrer les mots dans les rythmes, et de dresser les idées dans les phrases. Appétit de lucre, appétit de puissance, appétit d'art, voici des mobiles primordiaux et divers qui vont susciter des objets de désir, qui vont fixer le prix des choses, créer, selon l'expression du philosophe, des tables de valeurs. En même temps, et en vue d'atteindre ces buts divers, ces races différentes vont organiser leur énergie et la hiérarchiser ; elles vont honorer certaines manières d'être et en proscrire d'autres, en sorte que leur appétit dominant qui a fixé déjà la valeur des choses, qui a fait préférer à l'une la possession des biens, à l'autre la gloire, à celle-ci la beauté, détermine également la valeur des actes.

Tel est, brièvement expliqué, au moyen de ces exemples sommaires, avant d'y insister avec un plus grand détail, ce phénomène de la création de valeurs en lequel réside, selon Nietzsche, l'essence même du fait philosophique. Il convient pour apprécier cette conception, de considérer à quelle autre elle se substitue. Or, au sens ancien, la philosophie était recherche de la vérité. Entre ces deux définitions, *recherche de la vérité*, *création de valeurs*, l'intervalle est si grand que, pour concéder au même mot le droit de signifier deux choses si distinctes, il faut avoir recours à une idée intermédiaire, il faut faire abstraction du sens ancien que le mot renfermait, et le considérer sous un aspect plus général, comme un problème, dont les deux définitions qui viennent d'être dites seront deux solutions différentes. Tenons donc que, dans tous les temps, le terme *philosophie* eut pour fonction de désigner *la chose la plus importante pour la vie*. Qu'est-ce que la philosophie ? Voici une question qui se ramène à celle-ci : Quelle est la chose la plus importante pour la vie ? Or, les anciens philosophes répondent : c'est la recherche de la vérité qui mène à sa possession. C'est, répond Nietzsche, le fait de créer des valeurs, c'est-à-dire de créer à la vie un sens, un but, un objet. Volonté de vrai, disent les anciens philosophes, volonté d'imaginer l'être, affirme Nietzsche.

L'ancienne interprétation, *recherche de la vérité*, repose sur cette hypothèse que la Vérité existe, qu'elle est connaissable, et qu'une fois déterminée elle fera connaître à son tour ce qui est bon pour la vie, et ce qui est mauvais pour elle, ce qui est bien *en soi* et ce qui est mal *en soi*. L'idée de Vérité pénètre ainsi dans la morale : elle fixe la conduite, elle assigne aux hommes un but vers lequel ils doivent universellement diriger leur activité. En dehors de la Vie, au-dessus de la Vie, il existe quelque chose de supérieur à la Vie : la divinité, déclarent les théologiens ; le monde de la Raison qui reflète ses lois dans la raison humaine et nous divulgue le vrai, prononcent les philosophes. On aura marqué le trait caractéristique de la philosophie ancienne, si l'on constate que tout son effort s'est proposé d'étendre à la morale et aux questions qui touchent à la destinée de l'homme la propriété que la raison semble posséder de légiférer souverainement en ce qui touche à la mathématique et à la logique. La thèse est celle-ci : la Vie est une dépendance de la Connaissance, la Connaissance embrasse l'Etre et le détermine. Avant de vivre et pour bien vivre, il faut connaître, il faut connaître la Loi.

Puisqu'il s'agit de décider de la chose la plus importante pour la Vie, il importe de rechercher ici si cette conception des anciens philosophes constitue pour la Vie un bénéfice ou un dommage. Or, vraie ou fausse, une conception, pour être efficace, doit trouver crédit dans l'esprit des hommes, et il ne semble pas qu'après tant de siècles, tant d'efforts et tant de discussions, la conception de Platon touchant le vrai et le souverain bien ait conquis une autorité incontestable. Tant qu'elle se place sous la protection de la théologie, elle parvient à dissimuler sa faiblesse en se targuant de consentements qu'elle attribue à la dialectique et qui, en réalité, ne sont dus qu'au pouvoir du dogme, en se réclamant d'adhésions qui s'étaient sur la foi et non sur des raisons.

Sitôt au contraire que le rationalisme métaphysique, se proposant de protéger le dogme au lieu de s'en servir comme d'un bouclier, a tenté de faire la preuve de ses idées essentielles par les seuls moyens logiques, il a été ruiné par ceux-là mêmes qui le prétendaient fortifier. Malgré le désir contraire de Kant, tout l'effet de *la Critique de la Raison pure* fut de faire apparaître que la Vérité n'a de valeur qu'en ce qui touche aux modes de la connaissance, qu'elle ne régit que les formes entièrement vides de l'esprit, qu'elle n'a aucun empire sur le contenu de ces formes qui est *tout le réel*. En même temps elle laissait comprendre que ce réel naît et devient en vertu d'autres lois, dont l'observation scientifique nous permet de démêler quelques fragments, mais qu'il cache ses origines dans les perspectives d'un enchaînement de causes dont nous ne parvenons jamais à saisir le premier anneau. Avec *la Critique de la Raison pure*, la recherche d'une vérité universelle, qui est jusque-là tout le souci philosophique, aboutit à cette conclusion qu'en dehors des principes qui déterminent nos moyens de connaître, il n'y a pas de vérité universelle connaissable. Au nom de la vérité logique, la Vérité comme principe universel est niée pour tout ce qui concerne la Vie. La vérité c'est qu'en cet ordre de choses il n'y a pas de vérité.

Ces conclusions scientifiques, franchement acceptées par leur auteur, eussent été pour la philosophie un profit immédiat. La conception d'une vérité universelle étant reconnue sans valeur pour la vie, puisqu'elle ne la concerne pas, il restait à chercher aussitôt dans une autre direction ce qui importe à la vie. Après avoir heurté, durant tant de siècles, au même endroit d'une muraille où il n'y avait pas de porte, on se fût demandé s'il n'existait pas en quelque autre place une issue. Mais Kant s'est attaché d'un tel culte aux hypothèses de la métaphysique qu'il refuse de s'en tenir aux déductions logiques qui les lui montrent fausses. Avec la foi naïve et la présomption invétérée des anciens philosophes, il semble croire que la vie soit à la merci d'un raisonnement et qu'elle doive s'effondrer en même temps que le syllogisme sur lequel les hommes avaient pensé l'étayer. Il a, par cette attitude peureuse, gravement compromis la cause de la philosophie. On sait en effet que dans sa *Critique de la raison pratique* ainsi que dans le *Fondement de la métaphysique des mœurs*, il a tenté, par des voies détournées, de rétablir l'accès vers les anciens concepts d'une Vérité universelle et d'un Bien en soi. Or, la différence est flagrante entre les procédés scientifiques de la première critique et l'appel à la foi que dissimule avec insuffisance, dans les autres ouvrages l'artifice des apparences dialectiques. Aussi n'a-t-il réussi, par cette tentative, qu'à ruiner plus définitivement au regard de toute intelligence non prévenue, les idées qu'il voulait sauver. En même temps, ces efforts obstinés, accomplis pour restaurer, contre toute évidence, les idées métaphysiques, ont donné à croire à nombre d'esprits que le dommage causé par la ruine de ces idées était irréparable. L'influence de Kant a été sous ce jour désastreuse, car elle a donné naissance à un scepticisme découragé qui brise les ressorts de l'énergie (1). On peut dire de lui qu'après avoir détruit de fond en comble l'édifice sous les voûtes duquel l'humanité avait cru jusque-là trouver un abri, il veut la contraindre à demeurer parmi ces ruines et ne lui permet pas de chercher un autre asile.

(1) « Une seule interprétation, a dit Nietzsche, dans *la Volonté de Puissance*, a été ruinée : mais comme elle passait pour la seule interprétation, il pourrait sembler que l'existence n'eut aucune signification et que tout fût en vain. »

Tel est donc l'état de délabrement et de détresse où se trouve réduite l'ancienne conception philosophique — *recherche de la vérité* — lorsque Nietzsche survient et lui oppose cette conception nouvelle : création de valeurs.

Est-ce toutefois animé d'un sentiment de haine qu'il va s'approcher de la doctrine ancienne et qu'il achèvera de la ruiner? Nullement, — et c'est là une constatation sur laquelle il importe d'insister, parce qu'elle ajoute une force singulière aux verdicts du philosophe. La sentence d'un ennemi est suspecte de partialité et d'incompétence : il est permis d'en appeler. Mais, avec Nietzsche, la philosophie ancienne se voit condamnée sans retour, et en toute connaissance de cause, par le meilleur héritier de ses plus hautes vertus. Nietzsche ne s'est pas dégagé sans lutte de la croyance à des idées qu'une longue tradition lui avait rendues chères, et on découvre, chez ce descendant de pasteurs luthériens, les traces d'une angoisse pareille à celle dont Jouffroy nous a confessé les étreintes avec le lyrisme d'une époque encore romantique. La chose la plus chère au philosophe ancien, c'est l'idée du

Bien, c'est l'idée d'une finalité. Qu'il la nomme Dieu ou qu'il la vénère sous forme de loi abstraite, c'est à cette idée qu'il s'est exercé à immoler les instincts les plus forts de sa propre nature, en sorte que l'amour de cette idée est, à vrai dire, devenu son instinct dominant. Sacrifier cet instinct, voici quelle sera la victoire sur soi-même la plus difficile. Ce fut le cas pour Nietzsche, tel que l'hérédité l'avait formé, ainsi qu'en témoignent ces accents mélancoliques : « Ne fallut-il pas, est-il dit dans *Par delà le Bien et le Mal* (1), sacrifier enfin toute consolation, toute sainteté, toute espérance, toute foi en une harmonie cachée, en des béatitudes et des justices futures? Ne fallut-il pas sacrifier Dieu lui-même et, par cruauté à l'égard de soi, adorer la pierre, la bêtise, la lourdeur, le néant? »

C'est donc en poussant à bout la vertu morale entretenue jusque-là dans l'intérieur de la philosophie, la contrainte exercée sur les instincts et la volonté de les asservir à la loi découverte par les procédés logiques, que Nietzsche va réduire la philosophie ancienne à confesser son impuissance et son déclin et à céder la place à des points de

---

(1) P. 68.

vue nouveaux. « Il ne faut jamais demander si une vérité est utile, si elle peut devenir pour quelqu'un une destinée. » Cette maxime que Nietzsche formulera plus tard dans *l'Antéchrist* (1) le contraint déjà et le guide à l'âge critique de l'évolution de sa pensée et lui interdit de s'attarder aux arguments de sa sensibilité. Muni de cette probité intransigeante, il énonce avec la dernière rigueur toutes les négations que Kant avait essayé de reprendre. « Il faut avouer, dit-il, que la plus grave, la plus persévérante, la plus dangereuse des erreurs a été une erreur de dogmatisme, à savoir la trouvaille par Platon de l'esprit pur, du Bien en soi (2). » Dans *la Généalogie de la morale*, dans *Par delà le Bien et le Mal*, il pose la vérité elle-même comme un problème et nie décidément qu'elle existe pour tout ce qui intéresse la vie. Dans *Humain, trop humain*, dans *Aurore*, dans *le Gai savoir*, il refuse toute réalité aux idées de cause première et de finalité.

Mais à mesure qu'il s'avance plus résolument dans cette voie logique, sa sensibilité, peu à peu, se transpose et évolue, et les regrets de la première

---

(1) *Le Crépuscule des Idoles.* Ed. du Mercure de France, p. 243.
(2) *Par delà le Bien et le Mal.* Traduit par L. Weiscopf et G. Art, p. VI. Ed. in-8° du Mercure de France.

heure vont faire place bientôt à une joie débordante. Telle est la conséquence inattendue de la discipline à laquelle il s'est astreint. Bien éloigné de la timidité de Kant, Nietzsche résolument fait cause commune avec la Vie : il se garde bien de la confondre avec l'image que les métaphysiciens en avaient proposée. Il n'y a pas de vérité, il n'y a pas de fin dernière? Cela empêche-t-il que la Vie soit? Et la Vie seule importe, tout le reste est chose imaginée, rêve humain, bourdonnement autour du coche des mouches philosophiques. Nier la métaphysique n'est pas nier la Vie; bientôt il va apparaître à Nietzsche que c'est affirmer la Vie avec plus d'ardeur, la délivrer d'une servitude et agrandir les perspectives parmi lesquelles elle évolue.

A quoi tendait en effet l'ancienne conception du monde et de la Vie? A abîmer le monde et la vie dans le néant de l'unité absolue. Connaître la vérité, connaître le but vers lequel se dirigent toutes les causes parmi la variété de leurs effets, faire converger vers l'unité de ce but, au nom d'une loi du Bien unique, tout ce qui diverge et vagabonde parmi les immensités de l'espace et de la durée, n'est-ce pas supprimer tout devenir? Avec la connaissance du but, d'un but unique, disparaît toute chose autre que ce but lui-même : car, tout ce qui ne se dirige pas vers lui doit être redressé et tout ce qui va vers lui est déjà résorbé en lui, en sorte que rien à vrai dire n'est plus. Il a donc pu apparaître à Nietzsche qu'en niant toutes les prétentions de l'ancienne métaphysique, il restituait à la vie les conditions de sa réalité et qu'il imposait silence à tous les hallucinés de l'arrière-monde : c'est ainsi qu'il nomme ceux qui, sous prétexte de sagesse, érigent en loi philosophique leur lassitude et aspirent au néant.

C'est du point de vue de cette sensibilité entièrement transformée qu'il faut entendre cette oraison joyeuse de Zarathoustra : « En vérité, c'est une bénédiction et non une malédiction lorsque j'enseigne : Sur toutes choses, se trouve le ciel à peu près, le ciel pétulance. Par hasard, c'est la plus vieille noblesse du monde, je l'ai rendue à toutes les choses, je les ai délivrées de la servitude du but. Cette liberté et cette sérénité célestes, je les ai placées comme des cloches d'azur sur toutes les choses, lorsque j'ai enseigné qu'au-dessus d'elles et par elles aucune « volonté éternelle » ne voulait. J'ai mis, en place de cette volonté, cette pétulance et cette folie, lorsque j'ai enseigné : Une chose est impossible partout, et cette chose est le sens raisonnable. O ciel au-dessus de moi, ciel pur et haut ! ceci est maintenant pour moi la pureté qu'il n'existe pas d'éternelle araignée et de toile d'araignée de la raison, que tu sois un lieu de danse pour les hasards divins, que tu sois une table divine pour le jeu de dés et les joueurs divins (1). »

II

Voici donc la Vie délivrée de toutes les entraves dont la présomption métaphysique l'avait embarrassée. Elle ne se laisse plus ni deviner, ni saisir, ni diriger, ni limiter. Les philosophes pensaient avoir construit des appareils pour l'étreindre : « O toi qui flottes autour du vaste monde, combien je sens que je t'approche, infatigable esprit, » s'écriait le docteur Faust, trahissant en cette invocation l'espoir despotique et la prétention de tous les penseurs anciens, de tous les alchimistes de l'idée. Mais voici avec Nietzsche, un philosophe nouveau qui sait entendre la réponse ironique et claire de la Critique ou de l'Esprit : « Tu ressembles à l'Esprit que tu conçois, pas à moi. » Voici surtout un philosophe qui ne s'alarme pas de ce que la Vie se manifeste

(1) *Zarathoustra*. Traduit par Henri Albert. p. 284. Ed. in-8° du Mercure de France.

infiniment plus ample que les philosophes n'avaient cru, de ce qu'elle s'étend au delà des limites de l'Intelligence, de ce qu'elle ne se laisse pas brider par les idées.

L'ancienne philosophie qui recherchait la Vérité pour en imposer le harnais à la Vie a tenté un vain effort. La philosophie comme recherche de la Vérité est condamnée. De nouveau se pose la question : Qu'est-ce qui vaut pour la vie? *C'est le non-vrai*, répond Nietzsche, pour rompre de façon éclatante avec la conception ancienne. Le *non-vrai*, comprenons sous l'outrance du terme sa véritable portée. On a vu que le concept de vérité s'appliquait aux lois qui régissent la forme de l'Intelligence et représentait dans son usage légitime, l'accord nniversel qui existe entre les hommes en ce qui touche aux principes mathémathiques et logiques. Ce concept n'est donc rien de vivant par lui-même. Il ne trouve pas d'emploi sans une matière, sans un contenu auquel il s'applique. Or, c'est tout ce contenu, et qui est la vie même, que Nietzsche nomme le non-vrai. C'est la matière, c'est le corps, c'est le goût, l'appétit, le désir : c'est tout le réel. Qu'est-ce qui vaut pour la Vie? C'est la Vie, répond Nietzsche. Nous n'avons aucune mesure en dehors d'elle pour la juger; nous ne pouvons apprécier toutes choses qu'au point de vue de la quantité et de la diversité de vie qui s'y manifeste. Le concept de vérité n'est ici ni bon ni mauvais : simplement, il n'a pas d'application. A l'origine de toute vie, comme condition de toute vie, un appétit, un désir, un goût. Et ce goût est spontané, il échappe à toute analyse, n'a de réponse pour aucun pourquoi, ne cherche aucune justification hors de lui-même : il est la matière même de la vie. Quel est donc l'homme important pour vie ? Celui qui apporte un goût nouveau : ainsi il crée une raison de vivre ; il crée des objets de convoitise, il suscite l'énergie, il propose des buts à la Vie, qui n'en a pas : « Toute vie, prononce Zarathoustra, est lutte pour les goûts et les couleurs ! Le goût, c'est à la fois le poids, la balance et le peseur ; et malheur à toute chose vivante qui voudrait vivre sans la lutte à cause des poids, des balances et des peseurs ! (1) »

L'homme qui apporte un goût nouveau donne donc aussi, avec un but, un sens à la Vie. Il crée parmi les choses une valeur et une hiérarchie : il les classe, par ordre d'importance, par rapport à ce mètre fixe et despotique : son goût. Rien n'est antérieur à ce goût spontané ; il n'existe aucune

---

(1) *Zarathoustra*, p. 162.

mesure pour l'apprécier. Mais ce goût, dès qu'il s'exprime, apprécie, évalue, met sur chaque chose les étiquettes *bien* et *mal*. Et voici les idées *bien* et *mal* qui, condamnées comme source et principe de la Vie, prennent, dans la philosophie de Nietzsche, une importance prépondérante comme conséquences de la vie. « Zarathoustra vit beaucoup de pays et beaucoup de peuples : c'est ainsi qu'il découvrit le bien et le mal de beaucoup de peuples. Zarathoustra ne découvrit pas de plus grande puissance sur la terre que le bien et le mal (1). »

Qu'a donc fait Nietzsche pour restituer aux idées *bien* et *mal* cette importance pour la Vie ? Il les a mises à leur place : elles étaient suspendues dans le vide ; il les a rattachées à leur cause ; il les a montrées comme des dépendances d'une activité. La philosophie ancienne était fondée sur cette erreur primordiale qui consistait à expliquer la Vie tout entière par une de ses conséquences. C'est cette erreur de parti pris que Nietzsche incrimine dans la préface de *Par delà le Bien et le Mal*, lorsqu'il désigne « la trouvaille par Platon de l'esprit pur et du bien en soi » comme la plus dangereuse des erreurs commises par le dogmatisme. « C'était

---

(1) *Zarathoustra*, p. 25.

en effet, dit-il, poser la vérité tête en bas, nier la perspective, condition fondamentale de toute vie (1). » Zarathoustra maintenant proclame la loi nouvelle : « En vérité, les hommes se donnèrent tout leur bien et leur mal. En vérité, ils ne le prirent point, ils ne le trouvèrent point, il ne tomba pas comme une voix du ciel (2). » « Ceci est mon bien que j'aime, c'est ainsi qu'il me plaît tout à fait, c'est ainsi seulement que je veux le bien. Je ne le veux pas comme le commandement d'un dieu, ni comme une loi et une nécessité humaine... C'est une vertu terrestre que j'aime : il y a en elle peu de sagesse et moins encore de sens commun. Mais cet oiseau s'est construit son nid auprès de moi : c'est pourquoi je l'aime avec tendresse — maintenant il couve chez moi ses œufs dorés (3). » Ces œufs dorés, passions, goûts, appétits, désirs, vont éclore en formes nouvelles de la Vie, en appréciation *bien* et *mal*, en créations de valeurs. « C'est l'homme qui mit des valeurs dans les choses afin de se conserver, c'est lui qui créa un sens aux choses, un sens humain. C'est pourquoi il s'appelle homme, c'est-à-dire, celui qui évalue. Evaluer, c'est

---

(1) *Par delà le Bien et le Mal*, p. VI.
(2) *Zarathoustra*, p. 76.
(3) *Zarathoustra*, p. 42.

créer ; écoutez, créateurs : Evaluer, c'est le trésor et le joyau de toutes les choses évaluées (1). »

Ainsi, tout instinct, toute activité, tout désir qui parviennent à dominer, créent, ainsi qu'une expression de leur réalité, une idée particulière du Bien. A l'égard de l'idée du Bien en soi, qui est l'application de l'idée de Vérité aux choses de la conduite, Nietzsche a donc pratiqué une complète interversion. L'idée du Bien autrefois dominait la Vie et lui imposait sa forme. Aujourd'hui, elle naît de la Vie, multiforme et diverse, comme la Vie elle-même, dont elle exprime docilement une des volontés capricieuses.

Grâce à cette interversion, la durée et la liberté de la vie sont sauvegardées. A cette Vérité universelle, à ce Bien en soi, à ce Bien unique qui devait réduire à sa loi, absorber en son unité tout le divers, se substitue une multiplicité d'instincts et de goûts particuliers qui échappent à toute prise de l'intelligence, à toute loi. Reconnaissons en ces goûts, en ces instincts qui n'ont de réponses pour

(1) *Zarathoustra*, p. 77.

aucun pourquoi, cette « plus vieille noblesse du monde », ce « par hasard » qui fait de la Vie un jeu éternel, « une table divine pour le jeu de dés et les joueurs divins ». La Vie retrouve ainsi son mystère et sa fécondité : on nous montre ses origines dans le spontané, dans l'illogique. Notre curiosité est en droit d'espérer toujours voir sortir de cette source mystérieuse des formes nouvelles, et des modes imprévus du phénomène.

Cette liberté rendue à la Vie va-t-elle mettre en péril sa solidité et sa force, la priver de ses appuis ? Non pas. On a vu déjà l'idée du Bien en soi terrassée par la Critique et inclinée par l'analyse jusqu'à toucher le sol du réel, puiser à ce contact des forces nouvelles et surgir, impérative et despotique, sous la forme de l'idée d'un bien particulier, comme l'expression et la dépendance d'une activité déterminée. Il en va être de même, dans la philosophie de Nietzsche, de l'idée du Vrai. Comme la précédente, cette idée va naître sous nos yeux, et nous divulguer, avec l'artifice qui lui prête une apparence réelle, sa véritable nature et les conditions de son efficacité.

Pour assister à cette genèse, il nous faut considérer quelque réalité humaine, celle par exemple d'un groupe social. A ce groupe, il nous faut assigner pour origine des goûts et des instincts, communs à quelques hommes pareils entre eux, goûts et instincts qui ont réussi à vivre et à se satisfaire. Cela suppose qu'à l'origine ces hommes réunis, en même temps qu'ils possédaient ces instincts et ces goûts, avaient aussi les moyens de les faire triompher. Or ils ont nommé *bien* l'ensemble de ces moyens qui consistaient en certaines vertus et en certaines qualités et en raison des avantages et de la force qu'ils en tiraient, ils leur ont assigné une origine divine inventant des fictions religieuses par lesquelles ils se faisaient ordonner, au nom d'un pouvoir surnaturel, ce qui leur était utile. L'histoire des origines nous apprend qu'il vient toujours un moment dans l'évolution d'un groupe humain où celui-ci a recours à cet expédient qui consolide sa force ; or, c'est avec cet expédient que la conception d'une vérité universelle a fait, parmi certains groupes ethniques, son apparition dans le monde des idées : c'est le propre des activités intenses d'attribuer une valeur universelle à la conception qui les favorise, de présenter cette conception comme la seule vraie.

Si l'on considère que la vérité logique consiste précisément en cette énonciation que, pour tout ce qui concerne la vie, il n'existe pas de vérité, cette prétention d'un groupe humain à posséder la Vérité se dénonce ici comme l'expression directe du *non-vrai*. Mais sous cette forme le *non-vrai* se montre encore un stimulant et un auxiliaire de la Vie. Car le peuple qui, non content de satisfaire sa conception particulière de l'existence, entretient encore la croyance que cette conception est conforme à la volonté divine ou à la vérité rationnelle, tire de cette persuasion des prétextes pieux pour dominer les autres peuples. Ou plutôt, pour ne pas confondre la cause avec l'effet, concevons que partout où ce mensonge se manifeste il est le signe d'une activité intense. Les peuples de race européenne témoignent qu'ils sont possédés de cette activité surabondante lorsque, pour justifier leur expansion au détriment des autres races d'hommes qui peuplent la terre, ils invoquent l'intérêt supérieur de la civilisation. La civilisation, telle qu'ils la conçoivent, devient ici la Vérité même et ce devient un devoir, un souci méritoire et religieux de la faire triompher.

L'idée d'une vérité universelle a donc, comme l'idée du Bien, sa place parmi les modes qui découlent d'une activité donnée. C'est là que les philosophes anciens ont été la découvrir : leur erreur est venue de ce qu'ils l'ont considérée comme un principe, alors qu'elle n'est qu'une conséquence, comme une chose existant par soi-même, alors qu'elle n'est que l'émanation de quelque chose. Ils n'ont pas su reconstituer sa généalogie. Mais, rattachée à l'activité qui l'engendre, elle apparaît comme un moyen, comme une arme, comme une posture d'utilité, comme un élan pour bondir.

Un philosophe à la manière de Nieztsche ne saurait tenir rigueur à cette présomption de vrai de ce qu'elle emprunte à la logique une appellation qui n'a point de sens dans le domaine du réel. Si la Vérité existait dans un pareil domaine, il y aurait lieu en effet de s'émouvoir, et de confronter avec l'image de cette Vérité unique toute conception se donnant sous son nom. Mais il est de peu d'importance qu'un privilège imaginaire soit dérobé. Le philosophe nouveau va donc se placer à un point de vue tout autre et c'est ici que la réforme accomplie par Nietzsche porte des fruits immédiats et inaugure dans la pratique une méthode nouvelle. Sans souci de ce que peut être la Vérité en soi, le philosophe va prendre en considération la réalité même qui a donné naissance à cette prétention de vrai et il va rechercher si cette prétention est pour cette réalité une plus-value ou une moins-value. Un tel examen décidera seul du sort qu'il faut réserver à la fiction Vérité, s'il faut l'entretenir ou la détruire ?

« La fausseté d'un jugement, dit Nietzsche, dans *Par delà le Bien et le Mal* (1), n'est pas pour nous une objection contre un jugement... La question est celle-ci : dans quelle mesure entretient-il, développe-t-il la Vie ? » et il conclut à « reconnaître le non-vrai comme condition de Vie ». Qu'est-ce qui vaut désormais pour la Vie ? C'est le non-vrai, c'est-à-dire le réel. Quel homme vaut pour la Vie ? Celui dont l'activité originale, antérieure à tout motif, confère à toutes les choses leur existence, leur valeur et leur rang par l'usage ou le non-usage qu'il en fait, par le degré d'estime ou de mépris où il les tient.

III

Une atténuation doit être apportée ici non pas à la pensée de Nietzsche, mais à l'expression qu'il lui a donnée. Si, appliquant avec rigueur sa définition du philosophe comme créateur de valeurs, on cherche à se représenter d'une façon historique et concrète à quelle sorte d'homme elle convient, on constate en effet que l'intervalle entre les deux sens attachés au terme philosophe est plus grand

(1) P. 6.

encore qu'il n'avait paru. Cet intervalle est si grand que Nietzsche lui-même a dû s'écarter quelque peu du modèle que sa définition implique lorsqu'il nous a dépeint le philosophe nouveau, le philosophe de l'avenir dont il prévoit et souhaite la venue.

Le créateur de valeurs, tel que Nietzsche l'a conçu théoriquement, doit être en effet placé aux origines d'un groupe humain. C'est celui qui éprouve naïvement des désirs déterminés et distincts, qui est riche d'appétits et n'a d'autre souci que de se procurer la satisfaction de ses désirs et de ses appétits. C'est l'homme épique : il fait *des* gestes et les approuve. Il n'a pas d'effort à accomplir pour se situer *par delà* le Bien et le Mal, il ne lui est besoin pour cela d'aucun détour, ni d'aucun raisonnement, car il est *en deçà* de semblables conceptions. Il n'a point de joug à secouer. Il n'est qu'acte et puissance et, quels que soient ses instincts, cruels ou bienveillants, artistes, guerriers, dominateurs ou mercantiles, il les exubère joyeusement, il en fait les vertus de l'avenir. Les rois de la mer, que Carlyle compte au nombre de ses héros, furent de ces créateurs de valeurs, ces Vikings dont les aventures, contées dans les Sagas, font battre le cœur et briller les yeux de la petite Hilde dans les drames d'Ibsen, ces Vikings « qui faisaient voile vers les pays lointains où il allaient piller, incendier, tuer les hommes, » dit Solness, « et enlever les femmes, » reprend Hilde, « qu'ils gardaient captives sur leurs bateaux, et qu'ils conduisaient chez eux, se comportant envers elles comme de vrais sorciers ». — « C'était là, dit Solness, des gaillards à conscience robuste. Quand ils rentraient chez eux ils pouvaient manger et boire. Et ils étaient avec cela gais comme des enfants. »

Voici, parmi d'autres types d'hommes, pourvus d'instincts différents, voici des initiateurs et des créateurs de valeurs. Ceux-ci, qui sont les bêtes de proie, vont instituer la table des vertus guerrières, ils vont créer ce que Nietzsche appelle ailleurs la morale des maîtres. Ils vont être, pour les descendants, l'activité modèle, et les choses après eux seront *bien* et *mal*, parce qu'ils les auront glorifiées ou méprisées par leurs actes. Ils ne cherchent pas dans quel sens l'activité doit être dirigée, mais ils créent aux activités futures, et sans même en avoir le souci, une direction. Ce qui les distingue, et par où ils créent, c'est que rien en eux n'est prémédité ni réfléchi. Ils sont un commencement « un premier mouvement », ils sortent de ce foyer de spontanéité et d'innocence d'où jaillit la matière de la vie.

Voici bien l'homme le plus important pour la Vie, parce que sans lui la Vie n'aurait aucune forme. Pouvons-nous voir en lui le type du philosophe? C'est un *oui* purement théorique qu'il est possible de répondre ici, tant l'évocation de ce héros spontané contraste avec les qualités d'analyse et de réflexion que nous avons pris coutume d'associer à la notion de philosophe. Le philosophe n'est-il pas plutôt pour nous, actuellement, au lieu de cet homme épique, celui précisément qui a su découvrir l'importance pour la Vie du créateur de valeurs, celui dont le génie critique a su démêler l'écheveau de la fausse dialectique, distinguer ce qui appartient à la raison de ce qui appartient à la vie, et nous restituer la véritable généalogie des idées? Nietzsche pourtant ne se résigne pas à accepter ce seul rôle pour ses nouveaux philosophes. « Les critiques, dit-ils, sont les instruments du philosophe; comme tels, ce ne sont pas des philosophes (1), » et il insiste pour qu'on cesse de confondre les travailleurs philosophiques, et en général les hommes de science, avec les philosophes. « Fixer, dit-il, réduire en formules un vaste état de valeurs établies, créées anciennement, qui sont

---

(1) *Par delà le Bien et le Mal*, p. 145.

devenues prédominantes et pendant un certain temps ont été nommées *vérités*, voici le rôle des ouvriers philosophiques. *Mais les véritables philosophes ont pour mission de commander et d'imposer la loi.* Ils disent : cela *doit* être ainsi ! Ils déterminent d'abord la direction et le pourquoi de l'homme et disposent pour cela du travail préparatoire de tous les ouvriers philosophiques, de tous les assujettisseurs du passé ; ils saisissent l'avenir d'une main créatrice et tout ce qui est et a été leur sert de moyen, d'instrument, de marteau. Leur recherche de la connaissance est création, leur création est législation, leur volonté de vérité est volonté de puissance (1). »

Connaître les éléments du passé, les peser, distinguer leur valeur et leur rang, déterminer d'après ces éléments la direction de l'avenir, le préparer et le commander, c'est là certes une tâche considérable et où persiste peut-être aussi une part de cette volonté hasardeuse qui inspire les premiers créateurs, un peu de cet arbitraire qui seul peut déterminer à l'acte un esprit qui conçoit trop bien la raison d'être de trop de choses. Toutefois, un tel philosophe est astreint à un travail préparatoire d'analyse et de réflexion que ne connu-

(1) *Par delà le Bien et le Mal*, p. 146.

rent pas les premiers créateurs : surtout, il doit tenir compte d'un état de choses qui déjà existe ; il est un prolongement ; il n'est pas « ce premier mouvement, cette roue qui tourne sur elle-même ».

L'homme le plus important pour la vie, — il semble donc que cette qualification doive être réservée au seul initiateur, au premier créateur de valeurs, à celui qui apporte, du foyer inconnu, les goûts et les couleurs, tout ce qui est objet de désir, de lutte et d'organisation en vue de lutter. Le philosophe nouveau, selon le vœu de Nietzsche, sera seulement l'homme le plus important pour la vie, à cette date de l'évolution où sans doute nous sommes, alors que la spontanéité de l'énergie se masque sous le jeu des analyses et des motifs. D'ailleurs que tels motifs apparaissent dans la conscience, que tels arguments se produisent, que telles conclusions soient posées, voici qui trahit encore l'empire souverain d'une volonté dont la fatalité intérieure suscite et détermine ces arguments, ces motifs et ces conclusions. Voici qui conserve au philosophe nouveau un air de ressemblance et de parenté avec le créateur de valeurs.

Après les restrictions qui précèdent, il est donc permis de croire qu'une part de cette vertu spontanée qui décide du sens de l'évolution se manifeste en la pensée de Nietzsche, que cette définition réaliste de la philosophie, donnée comme création de valeurs, pourrait être l'indice d'une réaction intime de la Vie contre le mal de langueur entretenu par l'impuissance avérée de la conception ancienne. Il importe infiniment, en tous cas, de ne pas prendre le change sur la portée de la philosophie de Nietzsche, et ce serait une étrange méprise, on s'est efforcé déjà de le faire sentir, que d'y voir la formule d'un scepticisme. Si Nietzsche ruine sans égards les conceptions de l'ancienne métaphysique, c'est précisément parce qu'il juge ces conceptions inutiles et dangereuses pour la Vie, parce qu'il voit en elle, pour la Vie, des causes de décadence. En même temps, il en désigne d'autres, dont il affirme, avec un enthousiasme bien éloigné de l'accent sceptique, la réalité, la force et l'efficacité. Il a nié qu'il existât une vérité universelle, mais il a surtout démontré que la vie se réclame d'une toute autre origine, d'une réalité instinctive, indéniable comme la réalité d'un corps simple en chimie avec ses propriétés irréductibles. En ruinant l'idée du *Bien en soi,* dont il faut reconnaître que l'empire, dans la pratique, était singulièrement compromis, depuis que la philosophie l'avait prise à son compte, il a rendu aux idées particulières du Bien du et Mal, considérées comme les postures d'utilité d'une physiologie donnée, une puissance et une autorité positives. Qu'il s'agisse d'un individu, d'une nation, d'une race et même de l'Humanité, idée si générale qu'elle est encore à peine ébauchée, les philosophes ou les sociologues selon le goût de Nietzsche chercheront désormais la loi qui commande cette réalité à ses racines historiques ou physiologiques, dans les phénomènes où elle a déjà manifesté sa personnalité, mais ils ne prétendront plus la soumettre à l'empire uniforme de quelque imaginaire formule de la Raison.

Avoir retrouvé, sous le sable des idées abstraites divinisées, les sources de la vie, avoir rendu à toute activité son autonomie, avoir montré que les idées *Bien en soi* et *Vérité* sont des moyens et non des êtres, qu'elles se développent sur des instincts dont elles sont les dépendances, instincts qui sont eux-mêmes les seules réalités, c'est là la grande œuvre de Nietzsche, par où il peut contribuer fortement à purger l'esprit moderne de la sentimentalité rationaliste qui depuis plus d'un siècle l'égare et le déprime.

TABLE

—

Avertissement.................................. 5

LA RÉFORME PHILOSOPHIQUE

I. Proposition maîtresse de la pensée de Nietzsche: il n'est pas de force au-dessus de la force. En quoi cette tautologie est une réforme. —II. *Tentative de l'esprit humain en vue d'élever un principe au-dessus de la force dans le domaine spéculatif : le monde des idées.* — III. L'idée du vrai, forme suprême de la croyance idéologique, considérée par Nietzsche comme un artifice biologique. Utilité vitale de la fiction idéologique.— IV. Examen, sous le jour de cette dernière conception de la vérité morale. — V. Examen de la Vérité esthétique.— VI. Examen de la vérité logique. — VII. *Tentative de l'esprit humain en vue d'élever un principe au-dessus de la force dans le domaine historique et concret : le mouvement juif, le christianisme et la Révolution*.................................. 13

LE PARTI PRIS SOCIOLOGIQUE

I. Les conclusions de la réforme philosophique excluent la possibilité de donner une origine logique aux tendances sociales de Nietzsche. Nécessité de les fonder sur un parti pris. Le criterium biologique, *ce qui est utile à la vie*, substitué au critérium d'une *Vérité en soi*, est lui-même commandé par un parti pris. Il exige, pour être appliqué par surcroît, que d'autres partis pris le définissent et le précisent. — II. Description des formes diverses du parti pris sociologique de Nietzsche. L'instinct de grandeur en opposition avec l'instinct de bien-être. Le goût pour la culture et pour les modalités aristocratiques. — III. Analyse du fait aristocratique : moyen de différenciation et de hiérarchie, il conditionne toute vie ascendante. — IV. Condamnation, du point de vue de l'instinct de grandeur, de l'idéal chrétien et égalitaire. — V. Caractère positif de la philosophie de Nietzsche. Sa volonté de supprimer les causes du nihilisme. — VI. Présomption en faveur du parti pris de Nietzsche.......... 115

SCHOPENHAUER ET NIETZSCHE

I. Analogie entre la philosophie de Schopenhauer et celle de Nietzsche : leur point de divergence. — II. Substitution par Nietzsche, comme critérium de la valeur, de l'idée de puissance à l'idée de vérité : conciliation possible, sous le jour de cette conception, des deux partis pris opposés de Schopenhauer et de Nietzsche. — III. Examen et conciliation du double parti pris moral. — Examen et conciliation de la double hypothèse métaphysique................. 181

NIETZSCHE ET LA PENSÉE FRANÇAISE

I. Nietzsche comme réactif contre l'influence de la pensée étrangère sur l'esprit français. — II. L'œuvre de Nietzsche dans ses rapports avec celle de quelques écrivains français. — III. Les causes et la légitimité du grand retentissement de la philosophie de Nietzsche : causes propres à l'homme. — IV. Causes inhérentes à la race et au milieu................. 237

LE PHILOSOPHE COMME CRÉATEUR DE VALEURS

I. *Recherche de la Vérité*, au sens ancien, la Philosophie est, selon Nietzsche, *création de valeurs*. — II. Ce qui importe pour la vie du point de vue de la nouvelle évaluation : le non-vrai, l'illogique, le goût, issu de la physiologie, et qui échappe à toute motivation. — III. L'homme important pour la vie du point de vue de la nouvelle évaluation : l'homme épique... 275

ACHEVÉ D'IMPRIMER

le vingt octobre mil neuf cent quatre

PAR

BLAIS ET ROY

A POITIERS

pour le

MERCVRE

DE

FRANCE

Reprint Publishing

FOR PEOPLE WHO GO FOR ORIGINALS.

This book is a facsimile reprint of the original edition. The term refers to the facsimile with an original in size and design exactly matching simulation as photographic or scanned reproduction.

Facsimile editions offer us the chance to join in the library of historical, cultural and scientific history of mankind, and to rediscover.

The books of the facsimile edition may have marks, notations and other marginalia and pages with errors contained in the original volume. These traces of the past refers to the historical journey that has covered the book.

ISBN 978-3-95940-123-4

Facsimile reprint of the original edition
Copyright © 2015 Reprint Publishing
All rights reserved.

www.reprintpublishing.com

www.ingramcontent.com/pod-product-compliance
Lightning Source LLC
Chambersburg PA
CBHW070721160426
43192CB00009B/1275